SIMBOLISMO
do Primeiro Grau
Aprendiz

Rizzardo da Camino

SIMBOLISMO
do Primeiro Grau
Aprendiz

MADRAS

2024, Madras Editora Ltda.

Editor:
Wagner Veneziani Costa (*in memoriam*)

Produção e Capa:
Equipe Técnica Madras

Ilustração Capa:
Mário Diniz

Revisão:
João Ricardo Alves
Ivani Aparecida Martins
Augusto do Nascimento
Neuza Aparecida Rosa Alves

**Dados Internacionais de Catalogação na Publicação (CIP)
(Câmara Brasileira do Livro, SP, Brasil)**

Camino, Rizzardo da, 1918- .
Simbolismo do Primeiro Grau : aprendiz/Rizzardo da Camino. – 10. ed. – São Paulo: Madras, 2024.

ISBN 978-85-370-0483-8

1. Maçonaria 2. Maçonaria - História
3. Maçonaria - Rituais 4. Maçonaria - Simbolismo
I. Título.
09-04108 CDD-366.12

Índices para catálogo sistemático:
1. Maçonaria: Simbolismo do Primeiro Grau:
Aprendiz: Rituais: Sociedades secretas 366.12

Proibida a reprodução total ou parcial desta obra, de qualquer forma ou por qualquer meio eletrônico, mecânico, inclusive por meio de processos xerográficos, incluindo ainda o uso da internet, sem a permissão expressa da Madras Editora, na pessoa de seu editor (Lei nº 9.610, de 19.2.98).

Todos os direitos desta edição reservados pela:

MADRAS EDITORA LTDA.
Rua Paulo Gonçalves, 88 — Santana
02403-020 — São Paulo / SP
Tel.: (11) 2281-5555 – (11) 98128-7754
http://www.madras.com.br

Agradecimento e dedicatória

*Dedico este modesto trabalho ao casal Célia e Alberto Mansur.
Amigos sinceros, que comprovam a fidalguia e bondade do povo carioca.
Aos meus netos Eduardo, Roberto, Juliano e Miguel, provavelmente maçons do Terceiro Milênio.*

NOTA DE LEMBRANÇA

Na qualidade de esposa do saudoso Rizzardo da Camino, não posso deixar de fazer uma homenagem, pois no dia 14 de dezembro de 2013 fez seis anos que perdemos o nosso querido Da Camino, que teve o privilégio de viver até os 90 anos com sua mente perfeita, sempre estudando e escrevendo, o que mais gostava de fazer!

Ficamos casados por 60 anos, os quais me deixam muitas saudades.

Felizmente, estou acompanhada dos nossos filhos, Eloisa, Beatriz e Paulo – que é também maçom, agora da mais nova Loja, a Percepção nº 235, que foi criada em homenagem ao seu pai, o que muito me felicito.

Da Camino foi magistrado atuando como Juiz de Direito em várias cidades, onde sempre foi um maçom dedicado; deixou mais de 50 livros publicados nesses seus 60 anos de Maçonaria!

Muitos Irmãos não o conheceram pessoalmente, somente pelos seus livros, artigos, revistas e jornais maçônicos. Assim, deixo aqui meus agradecimentos a todas as Lojas e Irmãos que sempre foram presentes na vida de Da Camino.

Tenho a incumbência e a obrigação de agradecer, principalmente, à Loja Fraternidade nº 100 do Rio de Janeiro/RJ, à qual Da Camino pertenceu, pela sua grande gentileza para comigo!

À Madras Editora, meus sinceros agradecimentos por todos esses anos editando e publicando os livros do meu querido esposo!

É difícil, ainda, viver na ausência do meu esposo, restando somente a imagem do Da Camino na memória, mas tenho a certeza de que ele certamente deva estar ao lado do Grande Arquiteto do Universo!

Por fim, meus agradecimentos, conjuntamente com "nossos" filhos, a todos os Irmãos que prestigiam o Da Camino lendo os seus livros, os quais ajudam a resolver as dúvidas, tornando todos os homens mais "Justos e Perfeitos"!

Com saudades,
Odéci Da Camino

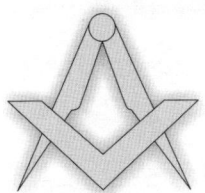

Índice

Prefácio 9
Introdução 11
As Origens Remotas da Maçonaria....................................13
A Maçonaria no Egito 19
Hebreus e Gregos...25
As Origens da Maçonaria...33
Introdução ao Grau de Aprendiz..51
Sobre o Templo..57
A Sala dos Passos Perdidos..61
Das Festas e dos Banquetes 63
Do Ingresso no Templo para as Sessões Comuns..............65
Dos Visitantes 67
Das Luzes e dos Oficiais da Loja.......................................69
Da Ordem dos Trabalhos 71
O Ritual do 1º Grau 73
Os Deveres...75
A Abertura da Loja...79
A Palavra Sagrada..83
A Abertura do Livro Sagrado...85
O Bhagavad-Gita 89
Os Vedas 91
O Alcorão ou o Corão..93
O Livro dos Mórmons..95
A Abertura do Livro da Lei..101
O Saco de Propostas e Informações.................................105
O Patrono da Maçonaria 109
A Abertura dos Trabalhos 113

A Palavra Huzzé 125
A "Bateria" 127
A Parte Administrativa 131
O Encerramento dos Trabalhos 137
A Cadeia de União 141
A Iniciação 149
Instruções Maçônicas sobre o 1º Grau — Primeira Lição 159
Segunda Lição 175
Terceira Lição 181
Quarta Lição 185
Quinta Lição 189

Prefácio

Está pronto mais um livro do Irmão Rizzardo da Camino, que é o primeiro de uma série de três, dedicados aos Graus de Aprendiz, Companheiro e Mestre.

Ao leitor que já tenha tido o privilégio de ler as suas obras anteriores não causará surpresa a qualidade deste trabalho, fruto de intensa e criteriosa pesquisa em todas as fontes de consulta disponíveis.

Todos sabemos das dificuldades que enfrentam aqueles que, como o Ilustre Irmão, desejam aprofundar-se no conhecimento da nossa difícil Arte Real. No entanto, e graças ao Grande Arquiteto do Universo, temos a felicidade de contar com homens como ele, capazes a ponto de vencer quaisquer barreiras na busca incessante de uma melhoria da cultura maçônica. Com esta publicação, crescerá, sem dúvida, o interesse, principalmente dos Irmãos mais novos, pelas coisas de nossa Ordem, suas origens, sua evolução histórica, seus rituais, seus símbolos, sua administração, pois nem desta parte o autor se descuidou.

O assunto Simbologia é vasto e empolgante, porque provoca dúvidas e, frequentemente, conduz os estudiosos a interpretações diferentes. É neste fato, no meu entender, que reside o grande valor da obra do Irmão Da Camino, quando ele procura, com elegância e simplicidade, dar a mensagem sensata e verdadeira, em uma linguagem clara e acessível a todos. Com esse procedimento, ele certamente atingirá seus objetivos que, neste ponto, confundem com os de nossa Grande Loja, na medida em que também pretendemos levar ao maior número possível de Irmãos aqueles conhecimentos indispensáveis à compreensão dos sublimes propósitos da Maçonaria, pois é conhecendo que se entende, e entendendo que se tem condições de acrescentar, de criar e de fazer crescer a Instituição a que temos a honra de pertencer.

O Irmão Da Camino, que possui tantos títulos na Maçonaria, como o de Membro Efetivo do Supremo Conselho do Rito Escocês Antigo e Aceito para a República Federativa do Brasil, recebeu, no início de 1976, mais um: o de Grande Honorário da Grande Loja da Guanabara.

Estamos iniciando as comemorações pelo septuagésimo segundo ano das Grandes Lojas Brasileiras. Nada mais justo, portanto, do que homenagear aqueles que, pelo seu valor como maçons devotados às causas da Ordem, podem ser considerados como verdadeiros seguidores da obra de Mário Behring.

No momento histórico em que a Grande Loja da Guanabara se preparou para receber e abrigar na cidade do Rio de Janeiro os representantes de toda a América na 10ª Conferência da Maçonaria Interamericana, foi lançado este livro. Queira o Grande Arquiteto do Universo que seja este um prenúncio de sorte para o auspicioso evento e que tanto o autor como o editor prossigam no seu valioso trabalho de propagadores dos ideais maçônicos, sempre lado a lado com os Irmãos, empenhados, todos nós, no doce mister de cultivar a paz e a fraternidade entre os povos.

Heitor Corrêa de Mello

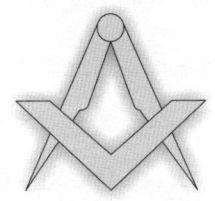

Introdução

A Editora solicitou-me que escrevesse uma série de livros maçônicos, acessíveis aos maçons brasileiros, mas que me afastasse dos assuntos já focalizados por outros autores nacionais.

Escrever sobre Maçonaria, evidentemente, constitui um trabalho cansativo, dada a necessidade de longa pesquisa, considerando que a bibliografia não é muito grande, se excluirmos as obras estrangeiras.

Há alguns anos, pretendi apresentar modesto trabalho sobre a Imprensa Maçônica e a dificuldade de localizar jornais e revistas antigas foi tão grande que não consegui levar a bom termo o meu propósito.

Ao pesquisar a coleção do Boletim do Grande Oriente do Brasil, desde o seu primeiro número até o vigente, encontrei referências precisas sobre a existência de tais jornais e revistas, eis que, ao ser editados, eram remetidos à Direção do Boletim e este publicava a notícia.

Consegui, com muito esforço, relacionar o nome de uma centena de jornais e revistas, porém não tive a oportunidade de manuseá-los.

O surgimento da Academia Maçônica de Letras veio dar certa esperança de que algum dia ela possa fundar uma biblioteca e obter dos maçons a colaboração eficiente, assim o lucro seria de todos.

Sem elementos não há possibilidade de pesquisa; mesmo na Biblioteca Nacional, onde por força da Lei deveriam ser encaminhadas todas as publicações feitas em Território Nacional, pouco encontramos.

Houve época em que os "inimigos" da Maçonaria faziam, por obra de mágica, desaparecer das bibliotecas públicas tudo o que fosse de inspiração maçônica.

Isto, evidentemente, veio em prejuízo da própria cultura bra-sileira.

Assim, decidi escrever, ou pelo menos iniciar, a série de livros. A princípio, pensei em prosseguir na obra de Jorge Adoum, que parou no livro que comentava o Grau 14 do Rito Escocês Antigo e Aceito; não que desejasse comparar-me àquele emérito filósofo, mas apenas para que os maçons brasileiros pudessem contar com os comentários sobre todos os 33 Graus do referido Rito.

Escrevi, então, um comentário sobre o Grau 18, denominado de "Príncipe Rosa-Cruz e Seus Mistérios".

No entanto, em vez de prosseguir, atendo ao pedido de meus editores e passo a escrever sobre todos os Graus do Rito Escocês Antigo e Aceito, iniciando com o presente livro.

Inseri no presente trabalho conceitos já emitidos nos meus três primeiros livros, pois se faziam necessários para uma perfeita evolução do assunto.

A tradição maçônica orienta-nos no sentido de que não se pode escrever sobre os Rituais.

Esta tradição, contudo, não tem tanta importância nos tempos atuais, pois a Maçonaria já foi amplamente divulgada, não só por meio de livros disponíveis em qualquer livraria, mas também por meio de periódicos e revistas profanos.

Nada há que ser preservado a não ser as Palavras de Passe, as Palavras Sagradas e os Sinais. Estes, eu não os revelo.

Tampouco, há necessidade de uma licença das Autoridades Superiores para que coloquem o seu *Imprimatur*, como era uso no século passado, nas obras profanas para a obtenção da licença da Igreja.

Cada escritor tem suficiente critério para escrever livremente sobre o que desejar, tanta é a "fome" que nossos Irmãos maçons têm de conhecimento sobre a denominada Arte Real.

Portanto, este é o primeiro livro de uma trilogia simbólica que compreende os Graus de Aprendiz, Companheiro e Mestre.

Entrego o meu modesto trabalho de interpretação e cuidadosa observação, esperando que os meus Irmãos relevem as omissões e as falhas.

Quanto aos erros, reconheço que são múltiplos; espero a tolerância de todos e a colaboração no sentido de apontá-los e se possível corrigi-los, enviando para a Editora as suas observações.

Agradeço de público ao Ir∴ Wagner Veneziani Costa, eminente editor e amigo, bem como aos seus dedicados colaboradores.

E a todos os maçons brasileiros entrego mais este modesto trabalho com a única intenção de propiciar-lhes maior conhecimento sobre o Ritual, que sempre esconde lições preciosas.

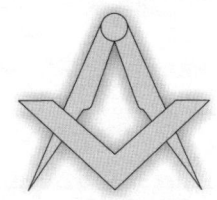

As Origens Remotas da Maçonaria

A Maçonaria não surgiu com este nome, mas foi um movimento que reuniu em torno de si, pouco a pouco, os ideais maçônicos como os compreendemos hoje. Assim, não podemos afirmar que ela tenha as suas origens nas brumas do passado, neste ou naquele local. Mas, apenas referir que a atual Maçonaria originou-se de um movimento de reação, envolvendo interesses sociais, políticos, econômicos e religiosos.

Estaremos certos se afirmarmos que o movimento de reação surgiu quando houve a necessidade de se pôr ordem dentro de um sistema caótico de organização primitiva social.

Portanto, a Maçonaria não teve uma origem espontânea e não evoluiu como uma célula.

Surgiu do movimento de reação, quando os homens organizados em sociedade verificaram que não eram felizes porque lhes faltava algo que pudesse valorizá-los e descobri-los perante os seus próprios olhos e perante os seus companheiros.

O que devemos denominar de *"O Movimento"* foi tomando forma e corpo e assim, paulatinamente, passou do estudo de uma organização que surgia, para o estudo do próprio homem.

Se hoje temos as Ciências Sociais e encontramos na Psicologia solução para os problemas que o homem oculta, devemos render homenagem àqueles primitivos estudiosos que na sua busca incessante contribuíram para que, hoje, pudéssemos contar com os recursos da tecnologia moderna. Tudo teve um princípio, mas não podemos afirmar com honestidade que esse princípio se chamava *Maçonaria*!

O Movimento na Índia não nasceu com o primeiro hindu; concretizou-se já quando os deuses superiores e inferiores que enchiam o céu da Índia, sob a forma de politeísmo, criavam castas e sofrimentos; surgiu então com plenitude iniciando o culto de um só Deus sobre as ruínas do politeísmo, e desejando a abolição das diferenças entre as castas, o que era de mais odioso e que, infelizmente, após decorridos milhares de anos, ainda subsiste.

O Movimento buscava a transformação política; ele proclamava a igualdade e a liberdade dos homens.

Onde existe a escravidão e a dependência, o homem não se valoriza.

O homem nasce livre; o homem quer ser livre, porque deseja buscar a sua própria harmonização com o Grande Construtor do Universo.

Isto não quer dizer que o homem não esteja na dependência de Deus, posto dependência harmônica que diz mais da unificação que escravidão ou servidão.

E o Movimento encontra Buda, que firma a sua filosofia.

Para compreendermos o Budismo é suficiente entendermos o Cristianismo. As bases são idênticas porque o centro dos interesses comuns é o Homem que se valoriza a fim de harmonizar-se com a Vontade de Deus.

Os brâmanes mantinham um privilégio odioso, qual seja, de que somente entre eles podiam surgir sacerdotes. Buda alterou esse egoísmo afirmando que os sacerdotes podiam surgir de qualquer parte.

Buda praticou, imediatamente, a separação do poder espiritual e do poder temporal que os brâmanes enfeixavam em mãos dominadoras. Inicia, então, um fator novo: a liberdade de consciência, que se torna estopim e faz explodir a sociedade convencional, como mais tarde retornaria a atuar, explodindo os preconceitos religiosos da Europa.

O Budismo estende-se por toda a parte; pelo Indostão, por toda fronteira, pelo Sião, pela China, Japão, até ultrapassar os Himalaias e estender-se pela Europa, pelo Oriente, enfim, por todas as civilizações.

A história do Movimento pelos países, ilhas, povos, desde as margens do Ganges até o Tibete, na Mongólia, enfim, nas partes mais altas do mundo até as cidades que se evidenciaram nas épocas passadas, da Babilônia, da Suméria, do Egito, de Jerusalém e quiçá da decantada Atlântida, ainda não pôde ser narrada.

Talvez surja, um dia, alguém com clarividência suficiente para exsurgir das "tumbas" e "cavernas" os elementos necessários para a elucidação desses mistérios. Até lá aguardemos, pois pode haver ainda outros locais como os de Qumram, que ocultaram por longos séculos o material precioso dos Essênios.

O Movimento penetra na Pérsia e vamos encontrar as entidades opostas: Ormuzd e Ariman; atinge o poderoso Dario, passa para o Egito, Grécia e Roma; surge o Cristianismo, onde iremos encontrar Deus e Satanás, e então verificaremos que na Maçonaria de nossos dias, tal como existiu nos mistérios da Índia, em que os primeiros passos do profano no Templo sempre representaram os passos das trevas para a Luz e mais tarde, na iniciação do Grau de Mestre, simbolizará o espetáculo da luta entre estes dois princípios postos em execução.

Encontramos esse pensamento esculpido nas gigantescas ruínas de Persépolis, de Ecbatana na capital da Média, nos templos subterrâneos de Bamian, na Pérsia, na Índia, em Hom e Brahma, e em Buda e Zoroastro, parecendo darem as mãos.

Da Índia, onde a luta maior era o nivelamento das castas, passa para outros povos onde o problema não se apresentava tão virulento; na Pérsia, a sociedade dividia-se tão-somente em quatro castas e daí a preocupação em torno do desenvolvimento da moral.

A ação política não se fazia tão necessária. O poder real era quase absoluto, posto que devidamente regulamentado por leis especiais, que de certo modo davam à realeza um poder temperado.

Zoroastro surgiu séculos depois de Buda, encontrando o Movimento bem organizado, dentro das várias sociedades secretas. Todos acorriam interessados para se verem iniciar nos mistérios do Sol e de Mitra, embora as provas que deveriam suportar fossem severas.

Buda foi o primeiro a nos transmitir com segurança os princípios filosóficos do Movimento.

Temos em Zoroastro o segundo a fazer essa transmissão. Felizmente, era época em que a civilização já podia contar com "livros", quer formados de polpa de madeira (papiros), quer em peles ou mesmo em artifícios de cerâmica.

O sábio Anketil du Perron traduziu há cerca de 150 anos a biografia de Zoroastro. Eis alguns trechos que comprovam ter a Maçonaria atual extraído dos ensaios de Zoroastro alguns dos seus conceitos:

"Então Brahma, brilhante como o Sol, com a mão coberta por um véu, apresenta-se a Zoroastro por ordem de Ormuzd, que é o criador de todos os seres e dos mundos, e lhe diz: Quem sois vós, que pedis? Zoroastro lhe responde: Eu não busco outra coisa senão o que agrade Ormuzd, que criou os mundos; porém, eu não sei em verdade o que ele quer de mim. Ó vós que sois puro, ensinai-me o caminho da Lei. Essas palavras agradaram a Brahma que lhe disse: fecha os olhos e marcha rapidamente. Vós direis que um pássaro o elevava conduzindo-o pelos ares até a presença de Deus. Quando Zoroastro abriu os olhos viu a glória celestial, resplandescente e iluminada".

Desse pequeno trecho tem-se uma ideia exata de como inicia-se o caminho para que o recipiendário possa penetrar nos mistérios maçônicos. Mais, ainda, alguns aspectos interessantes da cerimônia:

"Zoroastro perguntou ao Ser Supremo qual dos seus servidores era o melhor. Deus, que tem sido sempre e que sempre será nosso Mestre, lhe responde: O servidor mais afeiçoado a mim é o que tem o coração mais reto e cumpridor dos seus deveres; é aquele que se mostra liberal, professando a igualdade de Justiça com todos os homens e cujos olhos não se voltem para as riquezas com excessiva ambição. Aquele *cujo coração generoso pratica o bem, a tudo o que existe no mundo*".

Ormuzd lhe demonstrou, também, o que dizia respeito à revolução do céu, à boa ou má influência dos astros, aos segredos da Natureza e à igualdade e bem-estar que todos os seres devem gozar nos céus.

As palavras de Brahma foram transcritas e reproduzidas na Maçonaria, fazendo parte dos seus diversos ritos.

E mais adiante:

"Quando foi agraciado com a presença de Deus, Zoroastro viu uma montanha de fogo e se lhe ordenou que passasse pelo seu centro e ele a atravessou sem que o seu corpo recebesse qualquer dano. Fundiram-lhe então diversos metais e os despejaram sobre o seu corpo e nada lhe causou dano. Depois, lhe abriram o ventre e lhe extraíram tudo o que tinha dentro e tudo se fez por ordem de Ormuzd. O que está protegido por Deus está livre do aço que vai contra ele, que se amolece como a cera no momento de ferir.

Ele não tem por que temer nem a água nem o fogo".

Tudo isto encontramos nos cerimoniais da Maçonaria atual.

Toda descrição sobre a filosofia de Zoroastro tornaria-se longa e enfadonha, porém ela vem demonstrar que a Maçonaria realmente teve raízes muito profundas em Zoroastro, como as tivera em Buda. E quem desejar certificar-se disso busque ler a história de Buda e Zoroastro, penetrando assim na filosofia hindu e persa, cujos livros são relativamente fáceis de conseguir.

Sobre o aspecto político encontramos a igualdade entre os iniciados, que se obrigam a propalar o bem e a combater o mal.

O aspecto filosófico tem maior realce com a luta entre o bem e o mal representados por Luz e Trevas. Os iniciados são os Sacerdotes da Luz, e os inimigos as próprias trevas; os iniciados obrigam-se a propalar o bem e a combater o mal, até que este venha a ser destruído, reinando o Bem, sozinho sobre a Terra, fim este perseguido, incessantemente, por toda sociedade secreta, até o momento em que a Terra sem distinção de classes nem privilégios seja o paraíso do homem, honrado e feliz; pleno de vigor, vivendo sob a direção de uma só lei, igual para todos.

O Homem, então, passará longos anos na paz inalterável sob o pálio da Luz.

O mundo será, assim, um grande Templo no qual os homens gozarão dos imensos benefícios da igualdade.

O hindu, por sua natureza, mostra-se indolente; essa indolência contemplativa lhe proporcionou uma meditação profunda e lhe compactuou uma compreensão dos mistérios que o Movimento lhe entregava.

Os sábios hindus de hoje que conservam com tanto zelo os mistérios de sua filosofia talvez, se bem auscultados, possam revelar-nos tudo aquilo que consideramos perdido na bruma do passado. Quiçá conservem esses hábitos ciosamente para não vulgarizar os segredos do Movimento, mas algum dia os desejem revelar.

Assim nós, os maçons, poderemos compreender que as raízes da Maçonaria foram fixadas no misterioso Movimento do passado, em uma época ainda totalmente desconhecida.

Tendo em nossas mãos essas raízes, quem sabe possamos reencontrar os meios capazes de transformar o homem profano no Homem-símbolo, no Homem-deus, no Homem-luz.

*
* *

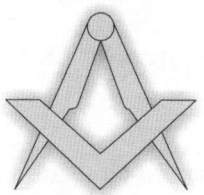

A Maçonaria no Egito

Em sua inexorável marcha do Oriente para o Ocidente, o Movimento encontra o Nilo; detém-se sobre as suas margens e conquista todo o Egito.

Encontrando uma terra misteriosa, plena de cultos e liturgia em torno da valorização dos seus reis, o Movimento engrandece-se e contribui para a que a civilização se agigante.

O Movimento compreende o Nilo, atravessa as suas margens, dilui-se no seu delta de sete bocas, tendo antes percorrido seu trajeto desde suas longínquas nascentes.

O Movimento também luta no Egito para banir uma teocracia injusta, com seu politeísmo, até conquistar com o deus Sol o início da longa jornada do monoteísmo.

Passam-se 31 dinastias e surge o poderoso Menés, que pretende e consegue arrancar o poder das mãos dos seus sacerdotes. Apela para a força do Movimento e o conquista, para juntos iniciarem uma fase brilhante de uma civilização que não tem par na história.

O Movimento cumpria duas missões: aperfeiçoar as leis e civili-zar os homens, porque os sacerdotes haviam usado os símbolos de tal forma que transformaram totalmente a concepção religiosa, criando do nada, mesmo de uma oportunidade passageira, um novo deus.

Depois da queda dos sacerdotes, o Movimento, que tinha presença e destaque em face da proteção de Menés, não aproveitava os Templos para as suas reuniões, refúgio da casta sacerdotal, mas criava novos ambientes, devidamente fechados às indiscrições, instituindo palavras de passe, senhas e todos os cuidados, iguais ou ainda mais rigorosos que os seguidos pela Maçonaria atual.

Os iniciados adotaram, também no Egito, o princípio filosófico da Luz e das Trevas em constante luta, e o mito de Ísis e Osíris, na afirmação de que esta luta seria regular e permanente.

Com o sacudir do jugo do poder sacerdotal, e para satisfazer a inclinação inata do povo egípcio, sentindo a necessidade do culto à divindade, o Movimento criou novos aspectos religiosos entrelaçados com a política dos reis.

Os símbolos humildes sofisticam-se e os Templos tomam feições de santuários, com decorações suntuosas, jamais vistas e concebidas. As cerimônias litúrgicas assumem relevo. A música torna-se embriagadora. As danças participam do êxtase coletivo, sob os efeitos inebriantes e alucinógenos dos entorpecentes transformados em tênue espiral de fumaça. Os instrumentos musicais se aperfeiçoam.

O Movimento, que mais tarde iria abraçar todo o conhecimento da "arquitetura", e o iria guardar como um dos maiores segredos em seu poder, chegou ao Egito sem preocupar-se com a "engenharia".

Contemplando a capacidade artística dos egípcios, ampliou-a e passou a dar aos Templos, túmulos e monumentos a amplitude que os povos admiram ainda nos tempos atuais.

Podemos afirmar que o Movimento não trouxe para o Egito maior contribuição para a arquitetura, mas, sim, passou a ditar para os demais povos, nos séculos sucessivos, as regras áureas da construção.

Foi no Egito que o Movimento fez-se *"pedreiro livre"*.

A Maçonaria participou da engenharia, mas fê-lo muito mais tarde em plena civilização europeia cristã.

O próprio Templo de Salomão, exemplo clássico da arte e ciência de construir, foi resultado do trabalho encetado pelo Movimento, por meio de Hiram Abiff.*

Dentro das construções "novas" erguidas pelo Movimento, os símbolos passam a ter um significado de suma importância.

---

* N.E.: Sugerimos a leitura de *As Chaves de Salomão — O Falcão de Sabá*, de Ralph Ellis e *O Livro de Hiram*, de Christopher Knight e Robert Lomas, Madras Editora.

Não se pode confundir o símbolo do Movimento e mais tarde a simbologia maçônica com o simbolismo sacerdotal egípcio.

Para entender a diferença, torna-se necessário observar alguns pontos sobre a técnica usada pelos sacerdotes para o domínio do povo.

O misticismo criou os símbolos que, manejados com habilidade pelos sacerdotes, sustentaram grosseiras e absurdas superstições.

A religião, simples no seu princípio, clara na sua origem, adorando o Sol como sucedera em toda parte, passa a adquirir aspectos difíceis.

O caminho do Sol pelos doze signos do Zodíaco transforma-se nas carreiras, nos combates e nas vitórias dos deuses.

Cada um desses signos é considerado como a residência de uma divindade particular que reinava soberanamente, exercendo sobre a terra uma influência benévola ou fatal, e a quem era preciso rezar rogando que fizesse favores por meio de sacrifícios, engendrados com requintes de imaginação.

Começaram a predizer o futuro voltados para os astros, assegurando alcançá-lo com o exame da abóbada sideral, em determinado momento, pela combinação e influência dos corpos celestes visíveis.

O Sol era considerado como astro benfeitor por excelência, sempre fecundando e sempre favorecendo.

Não se atreveram a destituí-lo de suas qualidades e de suas funções, a fim de não chocar a crença popular, e então, imaginaram que essa influência sempre benéfica do Sol podia ser viciada ao extremo e tornar-se funesta quando seus raios fossem refletidos por outro astro demasiadamente árido ou demasiadamente quente, extremamente seco ou frio.

Abusando desse modo das observações feitas na temperatura das estações, pretendiam adivinhar os sucessos e as vicissitudes humanas submetendo suas previsões a regras invariáveis.

Os planetas foram considerados como possuidores da ação de enfraquecer ou robustecer; de fecundar e vivificar os seres.

Uma cor especial consagrou-se a cada um deles, e as combinações dessas diversas cores foram um dos elementos do horóscopo.

É dessa simbologia que surge a astrologia, não como ciência, mas como misticismo simbólico.

Os astrólogos dividem o céu em doze partes imitando o Zodíaco, que é dividido em doze signos.

Eles os chamam de "*as doze casas da sorte*" e lhe atribuem uma ação sobre o futuro do indivíduo.

Futuro determinado pelas qualidades das divindades benfeitoras ou malfeitoras que habitavam essas casas, qualidades combinadas com a influência dos planetas dos signos.

Para impingir a importância dessa arte, os sacerdotes egípcios deram aos planetas caracteres simbólicos, determinando-lhes sexo e temperatura. Supuseram-nos formados de elementos: metais, árvores, pedras e cores, e todos correspondiam a uma qualidade do próprio homem.

Cada um desses planetas teve um selo ou um talismã a que se deu uma virtude especial, com a condição de que fosse feito de ouro ou prata, de chumbo ou estanho, gravado em tal dia e no mesmo ins-tante em que se encontra diariamente em seu curso tal ou qual astro.

Três signos zodiacais, combinados no momento do nascimento de um indivíduo, determinavam-lhe a duração de sua vida.

As 48 constelações conhecidas dos egípcios converteram-se em seres animados, oferecendo em suas formas tudo o que a fantasia e a imaginação podiam criar em seu delírio.

A Lua também é tomada como mistificação. A revolução mensal da Lua marcada em 28 dias fez com que os sacerdotes contassem com 28 casas para outro novo horóscopo, nas quais mantinham o satélite, atribuindo a cada uma das casas um gênio particular dotado de uma qualidade peculiar.

As partes elementares do Universo receberam os nomes das divindades; a alma universal ou o espírito universal foi chamado de Júpiter; o fogo passou a ser denominado de Vulcano; a Terra de Ceres; a água e os oceanos de Tétis; o ar de Minerva. Para cada divindade, um culto especial. Criaram a magia com a qual mantinham o povo aterrorizado; instituíram os sacrifícios; passaram a cerimônias luxuriosas.

Os animais passam a ser considerados sagrados: os bois, os gatos, enfim, tudo o que pudesse servir à imaginação e prestar-se à adoração e culto; criam-se personagens anômalas, parte criatura humana, parte animal; os deuses falam citando oráculos: Hércules, Apolo, Minerva, Diana, Marte, Júpiter e dezenas de outros.

Contra esse estado de coisas e de embriaguez de poder, de ma-gia e superstição, o Movimento levantou-se com todas as suas forças e iniciou o combate.

A simbologia tomou outro rumo, como uma interpretação ra-cional e valiosa, passando, mais tarde, intacta para a Maçonaria.

O Movimento teve amplo desenvolvimento, sem muita re-sistência, até o momento em que os persas surgiram devastando os povos pastores, tendo à testa Cambises, vencedor da batalha de Pelusa, destruindo templos, profanando túmulos, saqueando as riquezas e devastando o acervo cultural. Poucos escaparam àquela fúria.

Cambises não teve um período muito tranquilo de conquista, porque surgiram muitas guerras civis e revoluções, algumas até provocadas pelos sacerdotes e seus iniciados.

Nessas lutas o Movimento recobrou uma parte do seu poder primitivo.

As festas foram novamente celebradas com os seus cânticos e faustos.

Veio Alexandre, que venceu os persas e passou a reconstruir o império sobre as ruínas egípcias.

O Movimento quase se extinguiu; o antigo amor às ciências apagou-se. Os colégios transformaram-se em desertos. A religião confundiu-se mesclada, agora, com os ritos vindos da Grécia; novos deuses foram acrescentados à Mitologia.

O Movimento enfraqueceu-se não somente no Egito, mas também na Etiópia e outras províncias africanas.

Os muçulmanos, arrancando do Egito os árabes que haviam desmembrado do Império Romano, fizeram-no passar à influência de Maomé.

Mutilaram as estátuas, sem destruí-las, o que constitui um testemunho de sua ação, nada respeitando, nem sequer a figura da Esfinge, que tentaram destruir, como mais tarde as forças de Napoleão dela se utilizaram como alvo dos seus canhões.

A decadência sempre acompanha a derrubada do povo e dos seus monumentos. E o Movimento que se apresentava com tanto esplendor desaparece, e vamos encontrá-lo, então, ressuscitado entre os hebreus fugitivos, como narra a História Sagrada.

A história do povo Hebreu é muito mais fácil de ser conhecida porquanto chegaram até nós, intactos, os seus livros; já não é a tradição que fala, mas a documentação.

Não se poderá confundir, contudo, a iniciação dos mistérios egípcios com a iniciação maçônica atual; são divergentes, posto que alguns autores encontrem similitude; porém, isso não passa de uma concepção exagerada e uma acomodação que não encontra guarida nos atuais Rituais.

Se no início as cerimônias confundiam-se, hoje são bem distintas; a iniciação egípcia não passa de fato histórico, enquanto a ini-ciação maçônica é rito atual.

*
* *

Hebreus e Gregos

As Sagradas Escrituras narram com detalhes por que o povo hebreu foi arrastado da Palestina para o Egito.

A história é longa e plena de sacrifícios e, postos no cativeiro, os hebreus multiplicaram-se a ponto de preocupar os próprios faraós; e essa escravidão, que a cada dia se tornava mais pesada, teve com o aparecimento de Moisés o seu dia de libertação.

Referir-se à fuga do Egito, aos 40 anos perdidos no deserto, até ao encontro da terra de Canaã não diz respeito a uma narrativa maçônica.

Essa história épica é encontrada com extrema facilidade nas Sagradas Escrituras e a ela devem os interessados recorrer.

O que nos diz respeito é a preparação de Moisés como grande libertador.

Essa preparação esteve a cargo do Movimento; Moisés foi o fruto de um pacienciuso labor, visando à libertação do povo hebreu, e sempre, desde os primeiros dias, a preocupação do Movimento teve dois caminhos: a adoração de um só Deus e a libertação do homem.

Onde a escravidão se manifesta, a Maçonaria se faz presente!

A fuga do povo hebreu do Egito constituiu um trabalho técnico, preparado com paciência, sigilo, rico de detalhes, empreendimentos, conhecimentos profundos de psicologia e alta magia para reter catalizado o povo em fuga, coeso e pendente de uma poderosa fé, em torno de uma religiosidade científica.

Toda a base e fundamento do Judaísmo provêm justamente da experiência vivida naqueles 40 anos; período curto, se considerarmos a idade do povo hebreu.

Na interpretação maçônica, a fuga do Egito traduz a longa jornada que o neófito deve percorrer até encontrar-se com a Verdadeira Luz, que no Gênesis é denominada de "Canaã".

Crer que, mais tarde, o mesmo Movimento preparou Jesus para uma missão idêntica, qual seja a nova libertação do povo hebreu, dessa vez do jugo romano, será muito fácil; porém, mais difícil é aceitar que o Movimento procurou instituir Jesus no sentido de uma libertação do homem e não somente do homem hebreu.

Então, poder-se-ia aceitar que Jesus desempenhara um papel intermediário entre a Vontade do Grande Arquiteto do Universo e o cumprimento da profecia oriunda de uma voz maçônica; porém, ainda estaremos apalpando um terreno hipotético, porque não é construtivo, não significa labor importante e seria por demais primário emprestar à personalidade de Jesus apenas um papel patriótico.

Não há para a Maçonaria interesse nenhum em retirar da pessoa de Jesus o aspecto divino; destruir a fé de milhões não é tarefa digna, pois à Maçonaria, colocando-se à margem de tudo o que é religião, não compete diminuir as personalidades religiosas e os seus atributos divinos.

O aspecto divino é produto de crença e de fé; e a nós, os autores maçônicos, cumpre alimentar essa fé e jamais destruí-la. Não tem nenhuma importância sabermos ou desconhecermos a missão "humana" de Jesus.

Um fato histórico a mais ou a menos não alterará o curso da história. Muito mais importante é aceitarmos o aspecto divino e mes-siânico do Cristo. Porque, assim, o homem não só se libertará como adquirirá, também, por sua vez, um aspecto divino que em última análise é o que persegue a própria Maçonaria.

Em todos os movimentos, a Maçonaria sempre teve grande preocupação com o aperfeiçoamento das leis, porque a existência de uma lei equivale à presença de uma Justiça.

E a Justiça é a norma que orienta o povo. Sem lei não pode ha-ver Justiça. E Moisés, em plena fuga, ainda no deserto do Sinai, no alto do Monte Horeb, recebe o Decálogo.

São dez Mandamentos necessários para que pudesse esse libertador levar a bom termo a sua obra.

Já o Decálogo constitui o milagre da síntese, em demonstração do poder de Jeová.

E porque duvidou, e porque se rebelou, e porque não pôde man-ter o seu equilíbrio, Moisés não teve a satisfação de penetrar na Terra Prometida, na Canaã Celestial.

Há muita relação entre Moisés e Orfeu. Moisés sustentando o povo hebreu e Orfeu conduzindo-o para a Grécia. A mesma filosofia do Movimento a fim de suster um povo que estava em decadência; um povo que fora o luminar da época.

A lei que foi proclamada no alto do Monte Horeb, localizado no deserto do Sinai, como preceito religioso e político, é posta em vigor.

Moisés estabeleceu um governo que devia necessariamente resultar da aplicação rigorosa do princípio da iniciação: unidade de Deus com a dispersão do politeísmo; unidade nacional, igualdade entre os cidadãos, ausência de reis ou repúblicas, assembleias do povo, eleição de chefes, nenhuma distinção entre castas, somente diferenças de condições econômicas; nenhuma nobreza, trabalho imposto a todos, porque a lei era para todo o povo.

O pensamento religioso domina o trabalho. Os Dez Mandamentos são a expressão eficiente de uma conduta social.

Era preciso restaurar o direito de cada um. A lei não se sujeita só a castigar o furto e o roubo. Ela vai além, proíbe cobiçar a mulher do próximo, as terras, os bens e até o próprio servidor do próximo, demonstrando, assim, uma igualdade moral e a abolição de qualquer opressão.

Foi uma demonstração eficiente da possibilidade de conduzir um povo, com pulso de ferro, sob a inspiração religiosa.

*
* *

Orfeu, ao mesmo tempo, conduzia a Grécia aos mistérios de Mênfis, e com ele as suas leis, o casamento. Uma civilização desconhecida, que deu o alimento e o eco do poder do velho Egito, ressoou no mar Iônico.

Os homens habitantes das cavernas e dos bosques são atraídos pela palavra poderosa de Orfeu, e toda a sua realidade transmuda-se como que um milagre em uma sociedade fecunda.

A mitologia esclarece toda a personalidade de Orfeu, que nasceu na Trácia e veio à Tessália, onde se casou com Eurídice.

Trazendo da Trácia o bem-estar material, Orfeu prepara-se e esparge lições de inteligência, ensinando ao povo uma nova linguagem, a dos helenos.

Fundou a instituição do matrimônio, que equivale à da própria família; também o culto do sepulcro, enlaçando, assim, o passado com o futuro, pelo amor, o mais querido de todos os laços, dando valor ao corpo e enaltecendo a alma.

Foi o emancipador mais poderoso, conduzindo, assim, a hierarquia e as classes. Depois de ter fundado as instituições sociais, organizou as instituições políticas; ele não deseja castas; como Walmiki, Buda e Moisés, declara os homens iguais. A dignidade real não pode transmitir-se por herança. Ela não passa de um direito e de uma condição casualísticos.

O Movimento rompe o dogma do "destino". A dignidade real não é nada mais que a doação do cetro, conduzida pelo próprio povo às mãos daquele considerado o mais capaz e digno.

Orfeu estabeleceu o culto dos mistérios baseado na unidade de Deus, e as grandes festas de Ceres e Baco foram o símbolo da emancipação do povo.

Osíris e Ísis mudam de nome: Osíris converte-se em Baco, o deus do Sol; Ísis transforma-se em Ceres fecunda, que dará aos povos colheitas abundantes.

Orfeu não teve a mesma sorte que Moisés, pois seus principais livros se perderam. Seu Gênesis, intitulado Origem dos Mundos e dos Deuses, suas Iniciações, os Mistérios, dos quais apenas nos restam algumas linhas esparsas citadas em obras antigas, nada mais chegou até nós, faltando-nos assim a parte principal do que poderíamos denominar de Monumento Moral, para podermos tecer comparações com a história do desenvolvimento do espírito humano. Porém, analisando o pouco que nos resta, verificaremos que tanto Orfeu como Moisés estearam sua filosofia nas bases do Movimento.

Diz Orfeu: "Não há mais que um só poder, que uma só divindade, no vasto céu que nos rodeia com os seus fogos. Ele só criou tudo. Nele gira a criação, o fogo, a água e a terra".

Esses são princípios básicos do Movimento.

Desse modo, Orfeu fez penetrar na Grécia as doutrinas secretas do Egito.

Tudo abrange com seu pensamento perscrutador, desde o Trono de Deus, que se eleva resplandecente no meio das sublimes claridades dos céus, até as rústicas naves que são impelidas por remos e que não se atrevem senão incompletamente a abrir as suas velas aos sopros dos ventos.

Aos cultos, sucedem as leis civis. Ao aperfeiçoamento intelectual é preciso acrescentar a emancipação política para completar a sua missão e assim ele fez.

Ele quis, ao apresentar os encantos da liberdade, que esta se apoiasse sobre a Justiça e que a desigualdade das forças entre os homens fosse preenchida pela igualdade dos seus direitos.

E onde surge a Justiça começa o reino da Paz, que dá aos homens o bem-estar e a tranquilidade.

Não se pode fazer uma comparação entre o povo grego e o povo hebreu, porque os hebreus haviam passado mais de uma geração no cativeiro, conspurcando-se e degradando-se, perdendo o verdadeiro conceito da virtude. Tornava-se imperioso empreender uma jornada de energia ímpar, sem precedentes, para reacender no povo o espírito de luta e o interesse para a longa caminhada em busca de uma dupla libertação: a do espírito e a do corpo.

O Movimento, depois de ter proclamado, como sempre o fizera, a existência de um Deus único, Arquiteto dos Mundos, volta-se, imediatamente, ao próprio homem, para consagrar ao seu bem-estar e ao seu aperfeiçoamento moral e material todo seu esforço.

Reclama para os hebreus leis harmônicas condizentes com a grandeza de sua missão, já profetizada por muitos, mas que ainda permanecia uma incógnita, como ainda o é nos dias atuais.

Os hebreus têm uma missão, mas qual?

A explicação do porquê está dentro do Judaísmo. Deus criara a humanidade partindo de um único homem: Adão.

Cientificamente, nós sabemos que a tese adâmica não é exata, porém dentro do espírito social vamos encontrar a grandiosidade dessa preocupação de impor a reprodução dos homens por meio de um único tronco, significando assim que o homem foi criado como uma única criatura, inexistindo portanto nobreza, castas, distinções e raças superiores. Se todos nasceram de um só, porque então a existência de raças diversas, de cores, condições sociais e intelectuais múltiplas?

A Lei foi sempre única, igual para todos. A liberdade, também, acolherá a todos. Nenhum libertador conquista a liberdade para determinado grupo de homens observando sua realeza, sua casta, sua raça, sua ideologia. O nazismo foi a prova cabal disso, eis que a liberdade confundiu-se imediatamente com libertinagem.

A liberdade destina-se a todos os homens. A Justiça é cega, porque ela aplica o direito e a lei em benefício do homem injustiçado, sem notar qual a sua condição ou procedência.

Vamos verificar, mais tarde, já dentro do Cristianismo, o valor que é dado à igualdade dos homens, quer no desempenho social, quer em uma vida futura e espiritual.

As determinações de Moisés para quando o povo entrasse na Terra Prometida revelam essa preocupação contida nas bases do Movimento: "Vós repartireis a Terra, lançando sorte por famílias e tribos de tal forma que se dê a maior parte aos que sejam em maior número e a menor parte para os que sejam em menor número. Em cada tribo em que haja um estrangeiro, dareis, também, a sua parte. Deus assim o quer".

Os que acompanharam Moisés pelo deserto em sua fuga do Egito não foram apenas os hebreus, mas muitos estrangeiros que haviam sido escravos dos persas, de Alexandre, e aqueles, evidentemente, unidos em torno do mesmo ideal em busca de uma Terra Prometida onde o bem-estar lhes seria assegurado.

Aparentemente, Moisés divergiu do comportamento de Buda e Orfeu quanto a ser o sacerdócio acessível a todos, como recomendava o Movimento.

Contudo, Moisés entregou a função sacerdotal exclusivamente à tribo de Levi, como privilégio sacerdotal.

A aparente divergência encontra plausível explicação no fato de que Moisés estava conduzindo um povo em fuga, enquanto Buda e Orfeu conduziam povos já livres.

Por outro lado, a tribo de Levi era a que se dedicava com mais acuidade às lides religiosas. Moisés sopesou mais a capacidade dos levitas que qualquer distinção.

O privilégio, porém, era provisório enquanto a marcha perdurasse; se Moisés tivesse entrado com o povo na Terra Prometida certamente teria adjudicado para si o poder sacerdotal distribuindo-o equitativamente entre o povo e aqueles capacitados a exercer o sacerdócio.

O Movimento, porém, não perdoou a Moisés o privilégio em favor dos levitas; castigou-o com a proibição de prosseguir no comando.

O movimento que mais tarde iria revolucionar toda a filosofia com o banimento de qualquer privilégio seria encontrado no Cris-tianismo.

Assim, o Novo Testamento relata-nos feitos complementares, que restabelecem os princípios do Movimento.

Os documentos históricos são as fontes seguras da informação, enquanto as tradições são sempre duvidosas; a História Sagrada, que nos chega intacta, contém as informações necessárias para considerarmos o Movimento como esteio seguro de todas as transições históricas e religiosas.

O documentário histórico é constituído de livros, desenhos, monumentos; a Arqueologia é um subsídio valioso pela sua presença incontestes; apenas devemos ter cuidado na interpretação e cotejamento entre um documento e outro.

A tradição é válida, mas como complemento subsidiário, quando se apresenta uma lacuna histórica; preencher a lacuna com a tradição torna-se mais prático que deixar um espaço vazio entre dois acontecimentos.

Os anos passam e é longa a tarefa da reconstrução de um povo que perdera o valor da liberdade.

E parece que o Movimento se expandira, quando surge violento e triunfante com a construção do Templo de Salomão!

Paralelamente, constrói-se o homem-símbolo, ou seja, o Templo Espiritual.

É a novidade que se afirma e que, com o Cristianismo, se valoriza e se espalha por toda a humanidade.

Daquele momento em diante, o Movimento não cessou, e hoje ainda temos a sua presença, quer em um dos seus aspectos mais profanos, a Maçonaria, quer nos seus aspectos esotéricos, o Espiritualismo, sem fronteiras e limitações.

*
* *

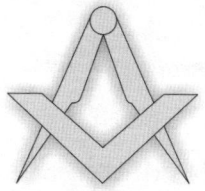

As Origens da Maçonaria

Iniciamos este livro, substituindo o nome Maçonaria por Movimento, pois se torna por demais arriscado afirmar que a Maçonaria e suas primeiras manifestações surgiram como Instituição desde os primeiros tempos.

Ainda dentro do tema: "As Origens da Maçonaria", necessitamos invocar as raízes do Movimento, porquanto não poderemos precisar o momento exato em que o Movimento transformou-se em Maçonaria, ou bipartindo-se, criou paralelamente uma primitiva missão, a Instituição Maçônica.

Portanto, iremos preocupar-nos, justamente, em situar essa fronteira e dar como ponto de partida a frase clássica de todos os autores maçônicos: "A origem da Maçonaria perde-se nas brumas do passado".

Onde surgiu a Instituição? Na Suméria, no misterioso Oriente, no Egito, em Israel, na lendária Atlântida, entre os astecas ou incas?

Jamais saberemos.

Porém, em todos os lugares encontramos suas pegadas, as quais nos conduzem a profundas meditações. Ela surgiu para beneficiar o homem.

No *Livro dos Mortos do Antigo Egito** encontram-se sinais evidentes de sua existência; nas pinturas murais, dentro das várias pirâmides, nos instrumentos, vestimentas (aventais), notam-se traços de grande coincidência.

Na linguagem desenhada dos papiros, nos monumentos, nos templos e nos túmulos, os símbolos nos conduzem a paralelos cientificamente convincentes da existência da Instituição.

---

* N.E.: Publicado no Brasil pela, Madras Editora.

No papiro de NESI-AMSU encontramos a descrição do castigo aplicado ao neófito violador de seus juramentos.

No templo de KHNUMU, na ilha de Elefantina, defronte a Assuan, existe um baixo-relevo que representa dois irmãos saudando-se maçonicamente.

O *Livro do Dono da Casa Secreta* e o *Livro de Dzyan* contêm uma multiplicidade de símbolos, até mesmo a figura do pelicano, comprovando assim a presença exuberante da Instituição.

Entre vários monumentos, restaram no Egito as pirâmides e a Esfinge, que comprovam a presença de arquitetos extraordinários, testemunhos sólidos do manejo da instrumentação maçônica.

O enigma da Esfinge simboliza o próprio enigma da Maçonaria; ela está ali, palpável, presente e em destaque, mas dela tudo se desconhece.

A Maçonaria está presente. Em torno dela erguem-se as mais variadas lendas, mas a Ordem continua enigmática.

Nos papiros até agora encontrados não há, praticamente, indícios além da 18ª Dinastia que informem sobre o movimento, e além da 4ª Dinastia nenhuma inscrição nas pedras dá mais informes.

Nas escavações que se fizeram em busca de antigos despojos, havia uma inscrição em que se fala na Esfinge como um monumento cuja origem perde-se "na noite dos tempos", nas "brumas do passado" ou na "neblina da Antiguidade", e que foi encontrada casualmente, depois de haver estado enterrada nas areias do deserto, completamente esquecida e ignorada por todos. Essa inscrição pertence ao período da 4ª Dinastia, cujos faraós viveram e reinaram no Egito há mais de 6 mil anos. E, para esses antiquíssimos reis, a Esfinge já era incalculavelmente velha!

*
* *

Na antiga biblioteca do Museu Britânico, existe um documento publicado em 1640 e descoberto por Halliwell.

É do seguinte teor:

"Que o Todo-Poderoso Deus Eterno proteja nossos trabalhos e nos conceda a graça de governarmos de tal modo que possamos conformar-nos nesta vida com os Seus desígnios e que obtenhamos, depois, de nossa morte, a Vida Eterna.

Queridos Irmãos e Companheiros.[1] Iremos contar-vos de modo claro e sucinto como começou esta importante Arte, como mereceu a proteção dos grandes Reis e dignos Príncipes, e de outras muitas e muitas respeitáveis pessoas.

Também, queremos dar a conhecer, aos que desejam, os deveres que todo fiel Maçom está em consciência obrigado a cumprir.

Há sete ciências livres: a Gramática, a Retórica, a Didática, a Aritmética, a Geometria, a Música e a Astro-nomia, fundadas todas em uma só ciência: a Geometria, por meio da qual o homem aprende a medir e a pensar, o que se torna indispensável aos mercadores de todas as corporações.

O princípio de todas as ciências foi descoberto pelos filhos de Lamec: Jabal, o maior, descobriu a Geometria, e Tubalcain, a arte de forjar.

Para que os seus prodigiosos descobrimentos não se perdessem e passassem à posteridade, "escreveram-nos" em pilares de pedra. Hermes encontrou um deles e estudou as indicações que continha, em seguida, ensinou a outros o que havia aprendido.

Na época da edificação da Torre de Babel, a arte de construir fez com que a Maçonaria começasse a adquirir importância e o próprio rei Nemrod fez-se Maçom, demonstrou grande predileção por essa arte e construiu Nínive e outras cidades.

Nemrod enviou 30 Maçons ao estrangeiro aos quais fez recomendações especiais: sede fiéis uns aos outros; amai-vos sinceramente e servi com fidelidade aos que tenham autori-

---

[1]. Não se faz menção aos Mestres porque o Grau de Mestre surgiu apenas em 12 de maio de 1725.

dade sobre vós para que deste modo me honreis a mim, que sou vosso amo e vos honreis também a vós mesmos".

Posteriormente, quando Abraão e sua mulher foram para o Egito, ensinaram um discípulo: Euclides, que se distinguiu especialmente nesses estudos.

Euclides chegou a ser mestre nas sete ciências; ensinou Geometria e ditou uma regra de conduta nos seguintes termos:

"Em primeiro lugar, deviam ser fiéis ao Rei e ao país a que pertencessem; amar, ser fiéis entre si; darem-se o nome de Irmãos e de Companheiros, elegendo para Mestre,* o mais sábio, sem levar em conta para essa eleição amizade particular e as condições de nascimento e riqueza, senão dotes de sabedoria e prudência.

Todos se obrigavam sob a fé do juramento a observar todas essas prescrições."

Muito tempo depois, o rei Davi empreendeu a construção de um Templo que se chamou o Templo do Senhor, em Jerusalém. Amava muito os Maçons e lhes comunicou os regulamentos e os usos que Euclides lhe havia transmitido.

Morto Davi, Salomão, seu filho, terminou a construção do Templo. Enviou maçons a diversos países e reuniu 40 mil obreiros na pedra, a quem chamou, também, Maçons; dentre esses escolheu 3 mil que foram chamados Mestres e diretores dos trabalhos.

Também existia naquele tempo e em outro país um rei a quem os seus súditos chamavam de Hirão, que proporcionou a Salomão as madeiras para a construção do Templo.

Salomão confirmou os regulamentos e costumes que seu pai havia introduzido entre os maçons, de modo que a arte da Maçonaria afirmara-se no país e em Jerusalém bem como em muitos reinos e estados.

Membros inteligentes dessas associações viajavam para o estrangeiro para se instruírem e ensinarem; deste modo,

---

* Equivalente, hoje, a Venerável-Mestre

um deles, Minus Mannou Gracus, foi à França e lá estabeleceu, a Maçonaria.

A Inglaterra não desfrutou deste gênero de Instituição a não ser após Santo Albano. Até essa época, o rei da Inglaterra, que era pagão, fechara com uma muralha a cidade de Santo Albano, confiando ao Santo a direção da obra.

Santo Albano retribuiu com bom salário aos maçons e obteve do rei, para eles, carta de franquia que lhes permitia reunirem-se em assembleia geral.

Presidiu a recepção de novos maçons e lhes ditou regulamentos para sua ordem e governo. Pouco depois da morte de Santo Albano, várias nações estrangeiras lançaram-se em guerra contra a Inglaterra, de modo que, pouco a pouco, esses regulamentos deixaram de vigorar até o reinado do rei Atelatan.

Este monarca era um príncipe digno; pacificou seu reino e ordenou a edificação de numerosas abadias, de muitas cidades e de outros grandes trabalhos, e queria muito aos maçons. Porém, seu filho Edwin, que praticava com entusiasmo a arte da Geometria, favoreceu-os mais ainda, sendo recebido maçom, obtendo do rei, seu pai, uma carta de franquia e a autorização de convocar cada ano, a todos os maçons, para comunicarem reciprocamente as faltas que houvessem cometido, bem como as transgressões e castigá-las. Edwin também presidiu em York uma dessas assembleias.

Recebeu novos maçons, deu-lhes regulamentos e estabeleceu costumes.

Na reunião das assembleias convidou todos os maçons, tanto os novos como os antigos, a comunicarem aos seus companheiros o que soubessem acerca dos usos e obrigações impostos aos maçons, no país e no estrangeiro e em outras partes do reino.

Para responder à solicitação de se apresentar por escrito os pedidos, encontraram-se alguns escritos em francês, outros em grego, inglês e outras línguas que convinham e eram idênticos a respeito do objetivo que os inspiravam.

Edwin reuniu todos em um só livro. E no livro dizia como se havia realizado essa descoberta. Recomendou e ordenou que esse livro fosse lido e comentado cada vez que se recebesse um novo maçom e antes de lhe fazer conhecer as obrigações impostas. A partir de então, até nossos dias, os usos e práticas dos maçons têm-se conservado sob a mesma forma, nos limites do poder humano.

Em diversas assembleias estabeleceram-se leis e or-denações necessárias e úteis, segundo a opinião dos Mestres e dos principais Companheiros".

Termina aqui a tradição baseada em certos relatos históricos, transmitidos de geração a geração, que constituem a história verdadeira e autêntica da arte de construir.

Porém, a grande fonte de informação, chegada de forma intacta até nossos dias e para muitos constituída em livro de cabeceira, são as Sagradas Escrituras.

A Bíblia, ou seja, a biblioteca que forma as Sagradas Escrituras, fora a única fonte de informação, desde o ano 550 a.C., sobre a história da Ásia Menor, contendo feitos minuciosamente narrados com datas, nomes de personagens e de cidades.

Tudo devia ser aceito por fé. O que a Bíblia contava devia ser certo, pois inexistiam provas complementares, isto porém, até 1843, quando o agente consular francês em Mossel, Paul Emile Botta, já eminente arqueólogo, inicia escavações em Corsabad, no Tigre, e descobre as ruínas de uma metrópole de 4 mil anos, com todo o seu esplendor: a primeira testemunha! Sargão, o lendário soberano da Assíria!

Diz o profeta Isaías (capítulo 20, versículo 1): "No ano em que Tartã, enviado por Sargão, rei dos assírios, foi contra Azot...", transformando assim, a lenda em fato histórico comprovado.

Em 1845, outro explorador, desta vez de origem inglesa, A. H. Layard, descobre Nemrod (Kalchu), a cidade que na Bíblia chama-se Cale (Gênesis, capítulo 10, versículo 11): "... e agora, tem o nome bíblico Nemrod, um robusto caçador diante do Senhor. O princípio de seu reino foi Babilônia, Arac, Acad, e Calane, na terra de Senaar. Daquela terra foi para Assur, e edificou Nínive, e as praças da cidade e Cale".

Pouco tempo depois, em outras escavações a alguns quilômetros, encontraram em Corsabad, a capital assíria: Nínive e a célebre biblioteca do rei Assurbanipal. O feito deveu-se ao assiriólogo inglês Henry Creswick Rawlinson. No Livro de Jonas, capítulo 1º, versículo 2, está mencionada Nínive de Assurbanipal!

O sábio americano Edward Robinson, nos anos de 1838 a 1852, reconstrói a antiga topografia de Nínive.

Em 1842, Richard Lepsius, alemão, empreende uma expedição aos monumentos arquitetônicos do Nilo.

Finalmente, o francês Champollion decifra os hieroglifos egíp-cios em 1850, e então os preciosos achados... começam a falar!

A primeira descoberta dos cilindros cobertos de caracteres cuneiformes feita pelo cônsul inglês em Bassorá, J. E. Taylor colocaria, quase um século depois, o mundo em espanto pelo tesouro que dormia em Bassorá: o Tell al Muqayyar.

Em 1929, Charles Leonard Wooley, inglês, retoma os estudos e revela a Ur dos caldeus, tão comentada na Bíblia! Fixa uma data: 4 mil anos de Cristo!

Daquela descoberta em diante, não mais cessaram as expedições e as novas descobertas sucedem-se: assim, foi encontrado o Papyrus Orbiney, que descreve a história de José do Egito (Gênesis, capítulo 39, versículo 1º).

Na Bíblia encontramos grandes períodos de espaços vazios, quando a história dá saltos. Depois da morte de José, há um silêncio de 400 anos.

Nós também daremos um salto até 1947, quando um pastor beduíno da tribo dos Ta'amireh, chamado Muhammad Dib, na busca de uma ovelha perdida em uma encosta rochosa do Wadi Qumram, divisou uma fenda escura.

Penetrando na caverna, encontrou dezenas de cântaros de barro; quebrados, revelaram o conteúdo de rolos de papiro e pergaminho, envoltos em panos de linho, alguns bem conservados, outros quase destruídos.

Os rolos foram parar nas mãos dos antiquários, vendidos por preço vil, mas um deles foi ter às mãos do Arcebispo Ortodoxo de Jerusalém, Yeshue Samuel.

O Arcebispo guardou o rolo como algo curioso e antigo, até que alguns peritos da American School of Oriental Research os manusearam.

Levados para os Estados Unidos e submetidos ao "calendário atômico",[2] constataram datas 100 anos a.C.

Anos mais tarde, devidamente restaurados, revelaram ser parte dos originais bíblicos.

No dizer de G. Lankester Harding, essa descoberta fora, talvez, o acontecimento arqueológico mais sensacional de nosso tempo.

Descoberto o tesouro, imediatamente foram recuperados todos os rolos esparsos, os quais, ainda hoje, estão sendo objeto de pacienciosos estudos.

Do achado, 38 rolos eram textos de 19 livros do Antigo Testamento, escritos sobre pergaminho e papiro, em hebraico, aramaico e grego.

De 1950 para cá, anualmente são encontrados novos pergaminhos, já negociados pelos pastores por preço elevado.

Nas proximidades de Qumram foram encontrados restos de uma colônia da seita judaica dos Essênios e a eles se atribui a preservação do tesouro arqueológico.

Esses pergaminhos vieram confirmar a veracidade do que contém a Bíblia. Portanto, a Maçonaria, tão fielmente apresentada como a responsável pelas construções arquitetônicas de toda a Ásia Menor, pode aceitar com segurança as Sagradas Escrituras como uma das fontes principais de sua história.

A revelação de que o rei Salomão dedicara-se à Maçonaria (arte de construir) vem desde a profecia de Samuel (II Samuel, capítulo 7, versículo 13):

---

2. Data do carbono C14 (radioativo).

"Ele me construirá um Templo, e firmarei para sempre o seu Trono Real".

É no primeiro Livro dos Reis, do capítulo 5 ao 7 que encontramos os elementos que nos convencem de que a Maçonaria já se apresentava tão aperfeiçoada que fora capaz de influenciar sobre o reinado de Salomão!:

"E enviou Hirão, rei de Tiro, os seus servos a Salomão (porque ouvira que ungiram a Salomão rei em lugar de seu pai) porquanto Hirão sempre tinha amado a Davi.

Então Salomão enviou a Hiram, dizendo: Bem sabes tu que Davi, meu pai, não pôde edificar uma casa no nome do Senhor seu Deus, por causa da guerra com que o cercaram, até que o Senhor os pôs debaixo das plantas dos pés.

Porém, agora, o Senhor meu Deus me tem dado descanso de todos os lados; adversário não há, nem algum mau encontro.

E eis que eu intento edificar uma casa ao Nome do Senhor meu Deus, como falou o Senhor a Davi, meu pai, dizendo: Teu filho, que porei em teu lugar no trono, ele edificará uma Casa ao meu Nome.

Dá ordem, pois, agora que do Líbano me cortem cedros e os meus servos estarão com os teus servos, e eu te darei as soldadas dos teus servos, conforme a tudo o que disseres; porque bem sabes tu que entre nós ninguém há que saiba cortar a madeira como os sidônios.

E aconteceu que, ouvindo Hirão as palavras de Salomão, muito se alegrou, e disse: 'Bendito seja o Senhor, que deu a Davi um filho cheio de sabedoria para governar esse grande povo!'

E enviou Hirão a Salomão dizendo: Ouvi o que me mandaste dizer. Eu farei toda tua vontade acerca dos cedros e acerca dos ciprestes.

Os meus servos os levarão desde o Líbano até ao mar, e eu os farei conduzir em jangadas pelo mar até ao lugar que me designares, e ali os desamarrarei, e tu os tomarás;

tu também farás a minha vontade dando sustento à minha casa.

Assim, deu Hirão a Salomão madeira de cedros e madeira de ciprestes, conforme a toda a sua vontade.

E Salomão deu a Hirão vinte mil coros de trigo, para sustento de sua casa, e vinte coros de azeite batido; isto dava Salomão a Hirão de ano em ano.

Deu, pois, o Senhor a Salomão sabedoria, como lhe havia dito; e houve paz entre Hirão e Salomão, e ambos fizeram aliança.

E o rei Salomão fez subir leva de gente dentre todo Israel; e foi a leva de gente trinta mil homens.

E os enviou ao Líbano, cada mês, 10 mil por vez; um mês estavam no Líbano, e dois meses cada um em sua casa; e Adonirão dirigia os trabalhos.

Tinha também Salomão setenta mil que levavam as cargas, e oitenta mil que cortavam nas montanhas, afora os chefes dos oficiais de Salomão, os quais estavam sobre aquela obra, três mil e trezentos, que davam as ordens ao povo que fazia aquela obra.

E mandou o Rei que trouxessem grandes e belas pedras, pedras lavradas, para fundarem a Casa.

E as lavraram os edificadores de Hirão e os giblieus, e preparavam a madeira e as pedras para edificar a Casa.

E sucedeu que no ano de 480 depois de saírem os filhos de Israel do Egito, no ano quarto do reinado de Salomão sobre Israel, no mês Ziv (este é o mês segundo), começou a edificar a Casa do Senhor.

E a casa que o rei Salomão edificou ao Senhor era de 60 côvados de comprimento, e de 20 côvados de largura, e de 30 côvados de altura.*

E o pórtico à entrada do Templo da Casa era de 20 côvados de comprimento, segundo a largura da Casa, e de 10 côvados de largura na frente da Casa.

---

* Um côvado era igual a três palmos, ou 66 centímetros.

E fez na Casa janelas com grades de madeira.

E edificou em redor da parede da Casa câmaras, tanto do Templo como do Oráculo; e assim, lhe fez câmaras colaterais em redor.

A câmara de baixo era de 5 côvados de largura, e a do meio de 6 côvados de largura, e a terceira de 7 côvados de largura, porque pela parte de fora da Casa em redor fizera encostos, para não travarem as paredes da Casa.

E edificava-se a Casa com pedras preparadas; como as traziam se edificava, de maneira que nem martelo, nem cinzel, nem nenhum outro instrumento de ferro se ouvia na Casa quando a edificavam.

A porta da câmara de baixo estava à banda direita da Casa e por caracóis se subia à do meio, e da do meio à terceira.

Assim, pois, edificou a Casa, e a aperfeiçoou; e cobriu a Casa com pranchões e tabuado de cedro.

Também, edificou as câmaras a toda a Casa de 5 côvados de altura, e as travou com a Casa com madeira de cedro.

Então veio a palavra do Senhor a Salomão, dizendo:

'Quanto a esta Casa que tu edificas, se andares nos meus Estatutos, e fizeres os meus Juízos, e guardares todos os meus Mandamentos, andando neles, confirmarei para contigo a minha Palavra, a qual falei a Davi, teu pai: E habitarei no meio dos filhos de Israel, e não desampararei o meu povo de Israel'.

Assim, edificou Salomão aquela Casa, e a aperfeiçoou. Também, cobriu as paredes da Casa por dentro com tábuas de cedro; desde o soalho da Casa até o teto tudo cobriu com madeira por dentro, e cobriu o soalho da Casa com tábuas de cipreste.

Edificou mais de 20 côvados de tábuas de cedro nos lados da Casa, desde o soalho até às paredes; e por dentro lhes edificou para o Oráculo, para o Santo dos Santos.

Era, pois, a Casa de 40 côvados, a saber, o Templo interior.

E o cedro da Casa por dentro era lavrado de botões e flores abertas; tudo era cedro, pedra nenhuma se via.

E, por dentro da Casa interior preparou o Oráculo, para pôr ali a Arca da Aliança do Senhor.

E o Oráculo no interior era de 20 côvados de comprimento, e de 20 côvados de largura, e de 20 côvados de altura; e o cobriu de ouro puro. Também cobriu de cedro o altar. E cobriu Salomão a Casa por dentro de ouro puro. E com cadeias de ouro pôs um véu diante do Oráculo, e o cobriu com ouro.

Assim, toda a Casa cobriu de ouro, até acabar toda a Casa; também todo o Altar que estava diante do Oráculo cobriu de ouro.

E no Oráculo fez dois querubins de madeira de oliveira, cada um da altura de 10 côvados.

Cada uma das asas dos querubins tinha 5 côvados: 10 côvados havia desde a extremidade de uma asa até a extremidade da outra asa.

Assim, era também, de 10 côvados o outro querubim; ambos os querubins eram de uma mesma medida e de um mesmo talhe.

A altura de um querubim era de 10 côvados, e assim a do outro querubim.

E pôs a esses querubins no fundo da Casa no oráculo; e os querubins estendiam as asas, de maneira que a asa de um tocava na parede, e a asa do outro tocava na parede, e as suas asas no meio da Casa tocavam uma na outra. E cobriu de ouro os querubins.

E todas as paredes da Casa em redor lavrou de esculturas e de entalhes de querubins e de palmas, e de flores abertas, por dentro e por fora.

Também, cobriu de ouro o soalho da Casa, por dentro e por fora. E à entrada do Oráculo fez portas de madeira de oliveira; a verga com as ombreiras faziam a quinta parte da parede.

Também, as duas partes eram de madeira oleária.

E lavrou nelas entalhes de querubins, e de palmas e de flores abertas, as quais cobriu de ouro; também, estendeu ouro sobre os querubins e sobre as palmas.

E, assim, fez na porta do Templo ombreiras de madeira oleária da quarta parte da parede.

E eram as duas portas de madeira de cipreste; e as duas folhas de uma porta eram dobradiças, assim como eram também dobradiças as duas folhas entalhadas das outras portas.

E as lavrou de querubins, e de palmas, e de flores abertas, e as cobriu de ouro acomodado ao lavor.

Também, edificou o átrio interior de três ordens de pedras lavradas e de uma ordem de vigas de cedro.

No mês de Ziv do quarto ano do reinado, se pôs o fundamento da Casa do Senhor, e no undécimo, no mês de Bul, que é o mês oitavo, acabou-se esta Casa com todas as suas dependências, e com tudo o que lhe convinha. E a edificou em 7 anos.

Porém, o seu palácio edificou Salomão em treze anos.

Também, edificou a Casa do Bosque do Líbano de 100 côvados de comprimento, e de 50 côvados de largura, e de 30 côvados de altura, sobre quatro ordens de colunas de cedro e vigas de cedro sobre as colunas.

E por cima estava coberta de cedro sobre os vigas que estavam sobre 45 colunas, 15 em cada ordem.

E havia 3 ordens de janelas, e uma janela estava defronte da outra janela, em 3 ordens.

Também, as partes e ombreiras eram quadradas de uma mesma vista; e uma janela estava defronte da outra, em 3 ordens.

Depois, fez um pórtico de colunas de 50 côvados de comprimento e de 30 côvados de largura; precedido de um segundo pórtico de colunas com degraus.

Também, fez o pórtico para o Trono onde julgava, para o pórtico do Juízo, que estava coberto de cedro do soalho ao teto.

Na Casa em que morava, havia outro pátio por dentro do pórtico, de obra semelhante a este; também, para a filha do faraó, que Salomão tomara por mulher, fez uma casa semelhante àquele pórtico.

Todas essas coisas eram de pedra finíssima, cortada na medida, serrada por dentro e por fora; e isto desde o fundamento até as beiras do teto, e por fora até ao grande pátio

Também estava fundado sobre pedra fina, pedras grandes, sobre pedras de 10 côvados e pedras de 8 côvados.

E em cima, sobre pedras finas, lavradas segundo as medidas, e cedros.

E era o pátio grande, em redor de 3 ordens de pedras lavradas, com uma ordem de vigas de cedro; assim, era também o pátio interior da Casa do Senhor e o pórtico daquele Palácio.

O rei Salomão mandou vir de Tiro um homem chamado Hirão, que trabalhava em bronze.

Era este filho de uma viúva da tribo de Naftali, e fora seu pai um homem de Tiro. E era cheio de sabedoria, e de entendimento, e de ciência para fazer toda a obra de bronze. Este veio ao rei Salomão, e fez toda a sua obra. Porque formou duas colunas de bronze, a altura de cada coluna era de 18 côvados, e um fio de 12 côvados cercava cada uma das colunas. Tinham quatro dedos de espessura e eram ocas.

Também fez 2 capitéis de fundição de bronze para pôr sobre as cabeças das colunas: de 5 côvados era a altura de um capitel e de 5 côvados a altura do outro capitel.

As redes eram de obra de rede, as cintas de obra de cadeia para os capitéis que estavam sobre a cabeça das colunas: 7 para um capitel e 7 para o outro capitel.

Assim, fez as colunas, juntamente com 2 fileiras em redor sobre uma rede, para cobrir os capitéis que estavam sobre a cabeça das colunas; assim, também, fez com o outro capitel. Dispôs em círculo ao redor de cada uma das redes duas fileiras de romãs, para ornar cada um dos capitéis que cobriam as colunas.

E os capitéis que estavam sobre a cabeça das colunas eram de obra de lírios do pórtico, de 4 côvados.

Os capitéis, pois, sobre as 2 colunas estavam, também, sobre um e o outro capitel, à rede, e 200 romãs, em fileira em redor, estavam, também, sobre o outro capitel.

Depois, levantou as colunas no pórtico do Templo; e, levantando a coluna direita, deu o nome de Jaquin; e, levantando a coluna esquerda, deu-lhe o nome de Boaz.

E sobre a cabeça das colunas estava a obra de lírios. E assim se acabou a obra das colunas.

Fez mais, o mar de bronze, de 10 côvados de uma borda até a outra borda, redondo ao redor, e de 5 côvados de alto; e um cordão de 30 côvados o cingia em redor.

E por baixo da sua borda em redor havia botões que o cingiam; por 10 côvados cercavam aquele mar em redor; 2 ordens destes botões foram fundidas na sua fundição.

E firmava-se sobre 12 bois: 3 que olhavam para o norte, e 3 que olhavam para o ocidente, e 3 que olhavam para o sul, e 3 que olhavam para o oriente; e o mar em cima repousava sobre eles, e todos os seus posteriores para a banda de dentro.

E a grossura era de um palmo, e a sua borda como a obra da borda de um copo, ou de flor de lírios; ele levava 2 mil batos.

Fez também as 10 bases de bronze; o comprimento de uma base de 4 côvados e de 4 côvados a sua largura, e de 3 côvados a sua altura.

E esta era a obra das bases: tinham cintas, e as cintas estavam entre as molduras.

E sobre as cintas que estavam entre as molduras havia leões, bois e querubins; e, sobre as molduras, uma base por cima e debaixo dos leões e dos bois, junturas de obra estendidas.

E a sua boca estava dentro da coroa, e de um côvado por cima; e era a sua boca redonda segundo a obra da base, de côvado e meio, e também, sobre a sua boca havia entalhes, e as suas cintas eram quadradas, não redondas.

E as 4 rodas estavam debaixo das cintas, e os eixos das rodas na base; e era a altura de cada roda de côvado e meio.

E era a obra das rodas como a obra da roda de carros: seus eixos, e suas cambas, e seus cubos, e seus raios, todos eram de bronze.

E havia 4 ombros aos 4 cantos de cada base; seus ombros saíam da base.

E no alto de cada base havia uma altura redonda de meio côvado ao redor; também, sobre o alto de cada base havia asas e cintas, que saíam delas.

E nas planchas das suas asas e nas suas cintas lavrou querubins, leões e palmas, segundo o vazio de cada uma, e junturas em redor.

Conforme a esta, fez as 10 bases: todas tinham uma mesma fundição, uma mesma medida, e um mesmo entalhe.

Também fez 10 pias de bronze: em cada pia cabiam 40 batos, e cada pia era de 4 côvados, e sobre cada uma das 10 bases estava uma pia.

E pôs 5 bases à direita da Casa, e 5 à esquerda da Casa; porém o mar, pôs ao lado direito da Casa para a banda do oriente, da parte do sul.

Depois Hirão fez as pias, e as pás, e as bacias; e acabou Hirão de fazer toda obra que fez para o rei Salomão, para a Casa do Senhor.

A saber: as 2 colunas, e os globos dos capitéis que estavam sobre a cabeça das 2 colunas; e as 2 redes, para cobrir os 2 globos dos capitéis que estavam sobre a cabeça das colunas; e as 400 romãs para as 2 redes, a saber: 2 carreiras de romãs para cada rede, para cobrir os 2 globos dos capitéis que estavam em cima das colunas; juntamente, com as 10 bases, e as 10 pias sobre as bases; como também, um mar, e os 12 bois debaixo daquele mar; e os caldeirões, e as pás, e as bacias, e todos estes vasos que Hirão fez para o rei Salomão, para a Casa do Senhor, todos eram de bronze polido.

Na planície do Jordão, o rei os fundiu em terra barrenta; entre Socot e Sartã.

E deixou Salomão de pesar todos os vasos, pelo seu excessivo número, nem se averigou o peso do bronze.

Também fez Salomão todos os vasos que convinham à Casa do Senhor: o altar de ouro, e a mesa de ouro, sobre a qual estavam os "Pães da Proposição".

E os capitéis, 5 à direita e 5 à esquerda, diante do Oráculo de ouro finíssimo; e as flores, e as lâmpadas, e os espevitadores, também, de ouro.

Assim também as taças, e os apagadores, e as bacias, e os perfumadores, e os braseiros, de ouro finíssimo; e as couceiras para as portas da Casa interior, para o lugar Santíssimo, e as das portas do Templo, também de ouro.

Assim, acabou-se toda a obra que fez o rei Salomão para a Casa do Senhor. Então trouxe Salomão as Coisas Santas que seu pai Davi havia consagrado: a prata e o ouro e os vasos, e pôs entre os tesouros da Casa do Senhor".

*
* *

Aqui termina o relato transcrito na pitoresca linguagem bíblica, que lhe dá características de autenticidade.

Introdução ao Grau de Aprendiz

Os Aprendizes enfrentam, desde o primeiro dia em contato com a sua Loja, problemas que poderiam ser superados, caso lhes dessem um compêndio que expusesse, em linguagem acessível, o conjunto do que poderíamos denominar de complexo maçônico.

A primeira tarefa que se lhes apresenta diz respeito à definição sobre o que seja a Maçonaria.

Entre tantas definições, escolhemos a mais usual:

> "A Ordem Maçônica é uma associação de homens sábios e virtuosos, que se consideram Irmãos entre si e cujo fim é viver em perfeita igualdade, intimamente unidos por laços de recíproca estima, confiança e amizade, estimulando-se, uns aos outros, na prática das virtudes.
> É um sistema de Moral, velado por alegorias e ilustrado por símbolos".

De *per se*, a definição acima, retirada de um Ritual, profundamente analisada, expõe o que na realidade todos os maçons deseja-riam que a Maçonaria fosse.

A sabedoria e a virtuosidade devem ser entendidas dentro de certos limites: sabedoria maçônica e virtude maçônica, que diferem em muito da sabedoria intelectual e da virtude moral.

A estima, a confiança e a amizade devem ser meios cultivados com afeto e sinceridade para que possam conduzir o Aprendiz a participar de uma família feliz, sem problemas e que busque o aperfeiçoamento geral.

Qualquer outra definição que se possa encontrar terá sempre a mesma conclusão: a União consciente de homens bem-intencionados que abraçaram um ideal, atitude que, em nosso atual mundo materializado, significa momento de rara beleza espiritual.

A Maçonaria, pois, é um Sistema e uma Escola, não só de Moral como de Filosofia.

Seria apropriado dizer que a Maçonaria é uma Universidade com os seus complexos que transformaram a simples Escola em um laboratório de aperfeiçoamento dos mais elevados deveres do homem comum que é patriota, chefe de família e obediente ao seu Criador.

Sempre, porém, a Maçonaria cresce quando em seu seio se agrupam homens espiritualizados.

O Sistema apresenta-se velado, isto é, coberto por véus e ilustrado por símbolos.

O símbolo será a linguagem usada e os véus sua filosofia, que para ser compreendida deverá ser posta em prática.

A Maçonaria possui princípios fundamentais selecionados pelos Mestres do passado e que analisaremos:

1 — A Maçonaria proclama, como sempre proclamou, desde sua origem, a existência de um Princípio Criador, sob a denominação de Grande Arquiteto do Universo.

Com o advento do liberalismo, na confusão das ideias e surgimento das filosofias modernas, Deus passou a ser considerado como uma existência duvidosa.

Na fase primária, a Maçonaria, quando nem sequer era denominada com este vocábulo, apresentava os seus deuses mitológicos, até que, pela evolução conhecida, fixou-se no monoteísmo, passando a considerar a existência de um só Deus.

Mas, para contentar muitos e contornar certas dúvidas, Deus foi substituído por um Princípio Criador, e mais tarde, para enfrentar o pensamento filosófico moderno, substituído por um termo que poderia amenizar as controvérsias e as correntes formadas: o Grande Arquiteto do Universo.

O Deus impessoal, indefinido, passou a ter forma e aspecto arquitetônico, tornando-se, assim, mais acessível à compreensão dos Aprendizes.

Hoje, com o conhecimento que temos, sabemos que não há apenas um Universo, mas múltiplos Universos, tanto nos sistemas astronômicos como filosóficos, sem falarmos do Universo que existe dentro de cada indivíduo ou dentro de cada célula!

Não tardará e a Maçonaria deverá reformular certos conceitos e alterar sua terminologia; acertado seria que o Grande Arquiteto fosse de todos os Universos!

2 — A Maçonaria não impõe nenhum limite à livre investigação da Verdade e é para garantir a todos essa liberdade que ela exige de todos a maior tolerância.

A livre investigação representava, há apenas um século, uma das maiores conquistas da Humanidade; porém, hoje, não existe nenhum empecilho às investigações, em qualquer terreno e sob quaisquer pontos de vista.

A tolerância dizia respeito ao fato de ser obtida plena concordância para a investigação de um fato.

Hoje, a investigação dentro e fora das Lojas é tão ampla e recomendada que não há mais lugar para que a tolerância seja invocada. Esse princípio secular, portanto, já está superado.

3 - A Maçonaria é, portanto, acessível aos homens de todas as classes e de todas as crenças religiosas e políticas.

Aqui temos a liberdade de culto e a liberdade política, cultivadas não desde os primeiros tempos, mas apenas após a Revolução Francesa.

Quando fazemos referência aos princípios da Maçonaria, devemos ter em mente que ela é uma instituição moderna, que extraiu suas bases de movimentos passados, colhendo as primícias e conservando o que existia de melhor.

Nos dias atuais, em países livres como o nosso, este princípio é conservado tão-somente como fator histórico para relembrar a luta da Maçonaria contra o ultramontanismo e o despotismo.

A liberdade de manifestação dentro das Lojas é assegurada plenamente e a esse respeito nada há para ser preservado ou conquistado; é o resultado da evolução da democracia e exigência dos próprios maçons e será, inquestionavelmente também, a exigência dos Aprendizes.

4 — A Maçonaria proíbe, em suas oficinas, toda e qualquer discussão sobre matéria política e religiosa; recebe profanos, quaisquer que sejam suas opiniões políticas e religiosas, desde que livres e de bons costumes.

Esse princípio apresenta-se fundamental e na realidade mantém-se atual e a sua observância é rigorosa.

Surgem, frequentemente, dentro das Lojas, certos abusos mais ocasionados pelo entusiasmo que por má-fé, quando um Irmão que professe determinada doutrina pretende conquistar prosélitos.

O conceito expresso na frase: "Livres e de bons costumes" comporta longa dissertação.

Liberdade não pode confundir-se com libertinagem, e bons costumes com atitudes apáticas e neutras.

Será que alguém de comportamento comum, preocupado em contentar a todos, que é um indivíduo de bons costumes, busca atitudes acomodadas?

O bom costume é o bom hábito, é a atitude positiva e construtiva. A Maçonaria não compactua com omissões, mas exige definições.

As qualificativas de livre e de bons costumes são exigidas aos Candidatos; portanto, não dizem respeito ao comportamento após a iniciação e em Loja.

Grosso modo, ser livre e de bons costumes traduz determinado comportamento no mundo profano.

5 — A Maçonaria tem por fim combater a ignorância em todas as suas modalidades; é uma escola que impõe este programa: obedecer às leis do País; viver segundo os ditames da honra; praticar a Justiça; amar o próximo; trabalhar incessantemente pela felicidade do gênero humano e conseguir sua emancipação progressiva e pacífica.

O combate à ignorância, ainda, é tarefa ingente e que não pode ser concluída tão cedo, mormente em nosso País, onde há tradições superadas que se preocupam em desmentir até princípios morais para impor uma única religião.

O analfabetismo, o desamor à leitura, às artes, ao convívio social são empecilhos tremendos para vencer a ignorância. O comodismo do povo, aliado ao egoísmo, por outro lado, são atitudes que conservam a ignorância.

A grande luta que preocupa a Maçonaria, na realidade, é o combate à ignorância!

As demais modalidades dizem respeito a uma conduta moral e política, que obviamente deverão ser destacadas, pois é tarefa genérica a todas as instituições similares, como os Clubes de Serviço e as entidades sociais.

Praticar a Justiça, amar ao próximo, trabalhar incessantemente pela felicidade do gênero humano e conseguir sua emancipação progressiva e pacífica são atitudes externas e que visam à pessoa humana dentro da célula social. Contudo, embora de forma intrínseca e oculta, há a preocupação da Maçonaria de atingir aspectos mais profundos: a evolução espiritual, dentro de uma programação "intelectual e religiosa", para que o homem não perca a fé em seu Criador.

A Maçonaria proclama uma doutrina apoiada nas seguintes bases:

"Para elevar o homem aos próprios olhos e torná-lo digno de sua missão sobre a Terra, a Maçonaria erige em dogma que o Grande Arquiteto lhe deu, como o mais precioso dos bens, a Liberdade, patrimônio da Humanidade inteira, cintilação celeste que nenhum poder tem o direito de obscurecer ou de apagar, pois que é a fonte de todos os sentimentos de honra e de dignidade.

Desde a preparação do Primeiro Grau até a obtenção do mais elevado da Maçonaria, a condição primordial, sob a qual se concede ao aspirante, é a reputação de honra ilibada e de probidade inconteste.

Àquele para quem a religião é o supremo consolo, a Maçonaria diz: Cultiva, sem cessar, tua religião; segue as aspirações de tua consciência; a Maçonaria não é uma religião, não tem um culto; quer a instrução leiga; sua doutrina condensa-se nesta máxima: Ama teu próximo.

Àquele que, com razão, teme as discussões políticas, a Maçonaria diz: Eu condeno qualquer debate; qualquer discussão político-partidária em minhas reuniões; serve, fiel e devotamente, à tua Pátria e não te pedirei contas de teu credo político. O amor à Pátria é perfeitamente compatível com a prática de todas as virtudes; minha moral é a mais pura, pois funda-se sobre a primeira das virtudes: a solidariedade humana".

Não se deverá, porém, confundir a expressão "a Maçonaria erige em dogma" com a existência de dogmas, pois não há lugar na Maçonaria para dogmas, os quais, aliás, são combatidos. Trata-se, apenas, de uma expressão figurada para enfatizar a frase.

Todos os Rituais adotados no Brasil, quer os impressos anos atrás, quer os atualizados, contêm em seu preâmbulo esclarecimentos sobre o aspecto físico do Templo e o comportamento do maçom, até ser iniciada a sessão ritualística.

A orientação que passaremos a transcrever parece-nos a mais adequada, pela sua clareza e simplicidade.

*
* *

Sobre o Templo*

O Templo, cuja decoração obedece à cor azul-celeste, apresenta no ocidente a forma de um retângulo e no oriente, a de um quadrilátero, separados por uma grade que se denomina de Grade do Oriente, para onde se sobe por meio de quatro degraus.

No ocidente, o soalho é representado pelo Pavimento de Mosaico, composto de quadrados, alternadamente brancos e pretos, cercados por uma Orla Dentada, que pode ter a cor azul-celeste, ou acompanhar o preto e branco. Nos extremos, veem-se as letras correspondentes aos quatro pontos cardeais.

Na prática, porém, o Pavimento de Mosaico é representado como se fora um tapete, colocado no centro do ocidente, sobre o qual "não se pisa", durante as cerimônias, colocado nele o Altar dos Juramentos e o Painel da Loja.

Próximo à Abóbada Celeste, contorna todo o Templo uma corda, denominada de "Corda dos 81 Nós", ininterrupta, cujas extremidades pendem ao lado da porta de entrada, em forma de borlas.

Na parte oriental é colocado o Trono, de forma triangular ou retangular, destinado ao Venerável Mestre.

Sobre o Trono estão a Espada Flamígera, o Malhete, objetos apropriados à escrita, um Candelabro de três luzes e uma Coluna móvel de ordem Jônica.

---

*N.E.: Rizzardo da Camino, neste capítulo, descreve o interior do Templo maçônico tal como era na época em que escreveu este livro. Entretanto, a decoração dos Templos muda, de acordo com o Rito e a Obediência maçônica, assim como também altera-se, em um mesmo Rito e Obediência, com o passar dos anos. Sugerimos que o leitor confronte a descrição deste capítulo com o ritual vigente em sua loja, e perceba diferenças.

À esquerda é colocada sobre um pedestal a estátua de Minerva.

Ao lado da cadeira do Venerável são colocadas mais duas poltronas.

O Dossel do Trono é formado por duas colunas compostas, ligadas por um arco, revestido de pano azul-celeste, com franjas de ouro.

Em frente ao Dossel, é colocado pendente um triângulo transparente, no qual se lê a palavra IOD.

Ao fundo do Dossel, sob a cadeira do Venerável, está fixo o Delta Luminoso, onde é reproduzido um olho humano.

O Primeiro Vigilante tem assento à esquerda e um pouco à frente da Coluna B, e o Segundo Vigilante, à meia distância entre a Coluna J e a grade do Oriente.

Os Altares dos Vigilantes têm forma triangular, colocados sobre um estrado, de dois degraus para o Primeiro Vigilante e um degrau para o Segundo Vigilante.

Sobre os Altares, são colocados um Candelabro de três luzes, o Malhete e uma Coluna móvel de ordem Dórica para o Primeiro Vigilante e de ordem Dórica para o Segundo Vigilante.

No Oriente, próximos à grade e encostados às paredes, são colocados os Altares do Secretário e do Orador, este à direita do Venerável e aquele à sua esquerda.

Na mesma posição, porém no Ocidente, ficam os Altares do Tesoureiro e do Chanceler.

Nas faces externas laterais dos Altares das Luzes são colocados: um Esquadro no do Venerável; um Nível no do Primeiro Vigilante e um Prumo no do Segundo Vigilante.

Sobre o Altar dos Juramentos, são colocados um Livro Sagrado, um Esquadro e um Compasso.

Do lado esquerdo do Altar do Primeiro Vigilante, próximos à parede, ficam o Altar das Abluções, onde descansa o Mar de Bronze, e a estátua de Hércules.

Ao lado esquerdo, no pavimento do Altar do Primeiro Vigilante, é colocada a Pedra Bruta; na mesma posição, no Altar do Segundo Vigilante, a Pedra Cúbica e a estátua de Vênus.

De cada lado da entrada do Templo ficam as Colunas, encimadas por capitéis, onde se veem duas esferas representando o Globo Terrestre e a Esfera Celeste.

O Estandarte da Loja e as Bandeiras são colocados no topo da grade, ao lado de sua abertura.

O teto do Templo representa o firmamento. Do lado do Oriente, um pouco à frente do Trono, a efígie do Sol; por cima do Altar do Primeiro Vigilante, a Lua, e do Segundo Vigilante, uma Estrela de cinco pontas.

No centro, colocam-se três estrelas da constelação de Orion. Entre estas e o nordeste ficam as Plêiades, Hiadas e Aldebarã; a meio caminho, entre Orion e o nordeste, Régulus, da constelação do Leão; ao norte, a Ursa Maior; ao nordeste, Arcturus (em vermelho); ao leste, a Spica, da Virgem; ao oeste, Antares; ao sul, Fomalhaut. No oriente, Júpiter; no ocidente, Vênus; Mercúrio, junto ao Sol, e Saturno, com seus satélites, próximo a Orion.

As principais estrelas são três de Orion, cinco Hiadas e sete das Plêiades e Ursa Maior. As denominadas Reais são: Aldebarã, Arcturus, Régulus, Antares e Fomalhaut.

*
* *

A Sala dos Passos Perdidos

Na antessala, recebem-se os Irmãos, para que aguardem confortavelmente o momento de penetrarem no Templo; colocam-se poltronas e mesas, onde estão os Livros dos visitantes e o de presença.

Entre a Sala dos Passos Perdidos e o Templo entremeia o Átrio, com três portas: uma para a Sala dos Passos Perdidos, outra para a Câmara de Reflexões e a terceira para o Templo.

No Átrio fica o assento do Cobridor Externo, que aí permanecerá durante as sessões da Loja.

A Sala dos Passos Perdidos também possui seu significado esotérico, eis que significa nossa presença fora do Templo, ou seja, a vida extrassensorial, vagando pelo Cosmos, de forma ampla, onde o maçom poderá encontrar toda sorte de aventuras espaciais e mentais.

O pensamento que não é limitado pelos nossos sentidos e, tampouco, pressionado dentro de nossa forma humana pela força atmosférica é o que o homem possui de mais precioso, posto que raramente conhece os meios de usufruir de seu potencial, verdadeira força que o Grande Arquiteto do Universo nos deu para participar.

A Sala dos Passos Perdidos simboliza que o homem fora do Templo pode perder-se.

Os conhecimentos que o maçom adquire frequentando a sua Loja não ficam restritos ao significado dos símbolos ou ao conhecimento da história da Maçonaria.

O maçom, especialmente o Aprendiz, adquire os conhecimentos ocultos plenos de sabedoria, porém deverá, dentro da sua intuição, solicitar aos Mestres que lhe proporcionem esses conhecimentos tão ciosamente guardados pela Ordem e que se ocultam na infinita gama dos 33 Graus do Rito Escocês Antigo e Aceito.

Das Festas e dos Banquetes

Toda organização maçônica possui os seus dias festivos, porém são obrigatórios e os Irmãos devem reunir-se em banquete nos dias 24 de junho, nascimento de João Batista, e 27 de dezembro, nascimento de João Evangelista; facultativos são os aniversários da Loja e o Dia do Maçom.[3]

Os maçons realizam dois tipos de banquetes: os litúrgicos, que são um complemento à Iniciação, e os festivos, dos quais participam profanos, denominados de festas brancas, quando ocorrem confraternizações, comemorações patrióticas ou festividades sociais.

O Banquete de Iniciação é realizado privativamente em local reservado.[4]

A mesa será única e em forma de ferradura, com a face interna livre, para facilitar o serviço; os Irmãos ocuparão as partes externas, ficando o Venerável Mestre na parte central, o Primeiro Vigilante na extremidade norte e o Segundo Vigilante na extremidade do sul. À direita e à esquerda do Venerável Mestre ficam os convidados, de preferência os Mestres Instalados* das demais Lojas. O Orador senta-se ao sul, próximo ao Segundo Vigilante; o Secretário ao norte, ao lado do Primeiro Vigilante. O Mestre de Cerimônias, para maior desempenho, fica à direita do Primeiro Vigilante, porém na face interna da mesa. Os demais Oficiais e Irmãos não têm lugares fixos.

Se o Grão-Mestre, ou Deputado do Grão-Mestre, estiverem presentes, ocuparão os lugares principais, ficando o Venerável

---
3. No G.O.B. não há esta obrigatoriedade.
4. No G.O.B. tal banquete denomina-se "Banquete Ritualístico" e é realizado, uma vez ao ano, desvinculando das "Iniciações".
* Os Veneráveis Mestres e os ex-Veneráveis.

Mestre ao seu lado, à esquerda. Os demais membros da Administração da Grande Loja, ou da Ordem, ficarão, também, na cabeceira.

O Neófito ou os Neófitos ficarão na parte interna da mesa.

Todos os objetos da mesa deverão ser colocados em filas equidistantes e paralelas.

No Banquete de Iniciação não haverá discurso, mas somente brindes. O Mestre de Cerimônias os anuncia na seguinte ordem:

1º — Ao Chefe da Nação e ao Governo, erguido pelo Venerável Mestre.
2º — Ao Seceníssimo Grão-Mestre e à mui Respeitável Grande Loja, ou Grande Oriente, pelo Primeiro Vigilante.
3º — Ao Venerável Mestre e à Loja, pelo Orador.
4º — Aos Irmãos Primeiro e Segundo Vigilantes, por um Irmão.
5º — Aos visitantes e às Lojas da Jurisdição, pelo Secretário.
6º — Aos demais Oficiais e Irmãos do Quadro, pelo Segundo Vigilante.
7º — Aos infelizes e sofredores espalhados pela superfície da Terra, pelo mais moderno Irmão do Quadro, da Loja. Este brinde é feito por trás da cadeira do Venerável Mestre, e deve ser anunciado com formalidade pelo Venerável e pelos Vigilantes.

Os brindes poderão ser erguidos espaçadamente, um do outro, ou então ininterruptamente.

O Mestre de Cerimônias procederá da seguinte maneira para fazer os anúncios: "O Irmão (...) vai erguer um brinde em honra a (...)".

O indicado levanta-se, apanha a taça e diz: "Em honra ao Chefe da Nação e ao Governo da República Federativa do Brasil, Hip!" e todos respondem: "Hurra!" Repete-se por três vezes.

Após o último brinde, o Venerável Mestre, ou a Autoridade que preside o banquete, agradece a presença de todos e declara encerrada a cerimônia.

As Lojas devem possuir o Ritual adequado aos banquetes, eis que todos os objetos têm nomenclatura própria simbólica.

*
* *

Do Ingresso no Templo para as Sessões Comuns

Antes da permissão dada pelo Mestre de Cerimônias, ninguém poderá entrar no Templo, onde já devem estar ocupando os seus postos o Guarda do Templo, o Arquiteto e o Mestre da Harmonia.

À frente da porta cerrada, do lado externo, o Mestre de Cerimônias organizará os Obreiros em duas filas obedecendo a seguinte ordem: dois a dois, os Aprendizes e Companheiros, estes do lado sul e aqueles do lado norte, indo à frente os mais novatos; a seguir, os Mestres, depois, os Oficiais, cada um do lado das respectivas Colunas; em seguida, os Visitantes; após, os ex-Veneráveis e, finalmente, os dois Vigilantes; em último lugar, o Venerável Mestre.

Organizada a dúplice fila, o Mestre de Cerimônias dará um golpe com seu bastão no piso e dirá:

> "Meus irmãos! Antes de ingressarmos neste Augusto Templo, devemos meditar, preparando-nos para, ao mesmo tempo, ingressarmos no Templo de Dentro, mergulhando em um Oceano de tranquilidade, deixando os pensamentos comuns, os dissabores, as angústias, os problemas do quotidiano para trás.
> Nosso escopo é completarmos a edificação do Templo da Virtude, embelezando-o com os nossos propósitos de aperfeiçoamento.
> Cada Irmão somará ao que lhe estiver ao lado, as vibrações benéficas, visando a encontrar, após o umbral desta Porta, a Paz de que tanto necessita.

Invoquemos o Grande Arquiteto do Universo, para que dirija os nossos passos".

A seguir, o Mestre de Cerimônias dará, com seu bastão,[5] um golpe na porta e o Guarda do Templo a abrirá, permitindo a entrada de todos, que rompem a marcha com pé esquerdo.

À medida que forem entrando, cada qual ocupará seu lugar, conservando-se de pé, sem estar à ordem. O Mestre de Cerimônias coloca-se no lado ocidental do Pavimento de Mosaico para acompanhar o Venerável Mestre ao Trono.

Logo que todos tenham entrado, o Guarda do Templo fechará a porta.

Retornando ao seu lugar, o Mestre de Cerimônias observará se todos estão ocupando os lugares que lhes competem, após o que avisará ao Venerável que todos estão à espera de que abra os trabalhos.

Nos intervalos, durante a marcha, o Mestre da Harmonia executará melodias apropriadas. Obviamente, os Obreiros deverão estar revestidos de suas insígnias.

Com a permissão do Venerável Mestre, todos se sentam e é dado início à abertura dos trabalhos.

*
* *

---

5. Em alguns Ritos e Obediências, esse golpe é dado com o punho, ou então com uma espada.

Dos Visitantes

Todos os maçons que se encontram regulares têm direito a visitar as Lojas Maçônicas, sujeitando-se, porém, ao trolhamento, isto é, responderão a um questionário que lhes é proposto pelo Venerável Mestre precedido da apresentação de documentos. Os Visitantes gravarão seu "*ne varietur*"[6] no livro próprio. Permitido o seu ingresso, o Mestre de Cerimônias lhes indicará o lugar onde deverão sentar-se.

Os Visitantes pertencentes às Lojas Maçônicas da mesma jurisdição,[*] portanto concedidos, terão sua entrada facilitada, bastando revelar a Palavra Semestral.

Ao terminarem os trabalhos, os Visitantes receberão um atestado assinado pelas Luzes da Loja, que comprova sua estada na Loja visitada.

O Venerável Mestre da Loja a que pertencer o Visitante oficiará, em prancha, ao Venerável da Loja visitada, agradecendo o acolhimento dado ao Membro de seu Quadro.[7]

Sendo o Visitante estrangeiro e não sabendo expressar-se no idioma nacional, deverá vir acompanhado de um tradutor, pertencente à Jurisdição; obtê-lo-á se tomar previamente, junto à Secretaria, as providências necessárias.

Os Visitantes terão, sempre, permissão para usarem da palavra, a convite do Venerável Mestre.

A Palavra Semestral deverá ser fornecida aos Veneráveis Mestres de todas as Lojas da sua jurisdição pelo Grão-Mestre.

---

6. *Ne varietur* = assinatura
* Da mesma localidade ou da mesma Obediência.
7. Esse belo costume, entretanto, acha-se em desuso.

Essa atribuição não está apenas na dependência de sua autoridade hierárquica, mas decorre de sua condição de Grande Venerável que, sob inspiração do Grande Arquiteto do Universo, escolhe, em face da sensibilidade própria do cargo que exerce, a palavra "exata" e "precisa" para sustentar, durante seis meses, o *status* de sua jurisdição.

O Grão-Mestre deverá recolher-se ao seu gabinete e, após profunda meditação, escolher a "Palavra".

Essa "Palavra" produzirá, ao ser "sussurrada", as vibrações necessárias para manter unidos todos os Irmãos regulares.

É o "Mantra" hindu que, ao circular dentro da Cadeia de União, produzirá os efeitos já referidos.

Trata-se de uma "Palavra" inspirada, que provém do "Alto"; um ato litúrgico exclusivo do Grão-Mestrado.

O "Colégio" dos *"Past-Masters"*, em algumas Jurisdições reúne-se com a finalidade de escolherem essa "Palavra Semestral", após a invocação ao Grande Arquiteto do Universo, o lapso de tempo de profunda meditação.

Quanto mais cerimoniosa a forma de escolha da Palavra Semestral, mais efeito produzirá dentro das Lojas. É a magia e o misticismo que envolvem todo ato maçônico.

*
* *

Das Luzes
e dos Oficiais da Loja

São as seguintes as Luzes e Oficiais da Loja, com as respectivas Joias:

1. Venerável Mestre — Colar com um Esquadro.
2. Primeiro Vigilante — Colar com um Nível.
3. Segundo Vigilante — Colar com um Prumo.
4. Orador — Colar com um Livro aberto.
5. Secretário — Colar com duas Penas cruzadas.
6. Tesoureiro — Colar com uma Chave.
7. Chanceler — Colar com o Timbre da Loja.
8. Primeiro Diácono — Colar com um Malho ou uma Pomba.
9. Segundo Diácono — Colar com uma Trolha (pá de pedreiro) ou Pomba.
10. Mestre de Cerimônias — Colar com uma Régua.
11. Hospitaleiro — Colar com uma Sacola.
12. Primeiro Experto — Colar com um Punhal.
13. Segundo Experto — Colar com um Punhal.
14. Porta-estandarte — Colar com um Estandarte.
15. Porta-espada — Colar com uma Espada.
16. Guarda do Templo — Colar com duas Espadas cruzadas.
17. Cobridor — Colar com um Alfanje.
18. Arquiteto — Colar com um Maço e um Cinzel cruzados.
19. Mestre da Harmonia — Colar com uma Lira.
20. Mestre de Banquetes — Colar com uma Cornucópia.

Dentro da Loja, colocados nos lugares apropriadas, encontram-se:

1. Altar dos Perfumes.
2. Altar dos Juramentos.
3. Pedra Bruta.
4. Pedra Cúbica.
5. Mar de Bronze.
6. Painel da Loja.
7. Estátua de Minerva (inexiste no G.O.B.).
8. Estátua de Hércules (inexiste no G.O.B.).
9. Estátua de Vênus (inexiste no G.O.B.).
10. Pavilhão Nacional.
11. Bandeira da Grande Loja, ou do Grande Oriente do Brasil
12. Bandeira ou Estandarte da Loja.
13. Bandeiras ou Estandartes históricos.

*
* *

Da Ordem dos Trabalhos

Os trabalhos de uma Loja em Grau de Aprendiz do Rito Escocês Antigo e Aceito obedecerão à seguinte ordem:[8]

1. Abertura ritualística.
2. Decifração e aprovação do Balaústre (Ata).
3. Decifração do Expediente.
4. Circulação do Saco de Propostas e Informações.
5. Ordem do Dia:
    a) deliberação sobre o expediente recolhido.
    b) apresentação, discussão, votação de teses, propostas, pedidos, pareceres, etc.
    c) discussão e votação de pedido de sindicância preliminar.
    d) escrutínios.
    e) instruções ritualísticas, estudos, conferências, etc.
    f) exames a Aprendizes.
    g) sessão Magna de eleição, iniciação, elevação, exaltação, filiação, regularização, instalação, etc.
6. Tronco de Solidariedade.
7. Palavra a bem da Ordem em Geral e do Quadro em Particular.
8. Conclusões dos trabalhos pelo Guarda da Lei.
9. Encerramento ritualístico.
10. Cadeia de União.
11. Retirada do Templo, pela ordem, precedendo-a o Venerável Mestre, observada, ao contrário, a ordem de entrada.

---

8. Ordem observada pelas Grandes Lojas Simbólicas.

Os Visitantes entram durante a Ordem do Dia,[9] quando a Loja não tiver mais assuntos do Quadro em particular a tratar; os discursos e trabalhos, neste caso, só devem versar sobre a Ordem em geral.

Nenhum Irmão poderá retirar-se do Templo sem a devida permissão do Venerável Mestre, e deverá, antes, colocar seu óbolo no Tronco de Solidariedade.

*
* *

---

9. Atualmente, entram após a Ordem do Dia, de acordo com o vigor da Lei; ou então, fraternalmente, na abertura ritualística, junto com os Irmãos do quadro. O Ritual do Primeiro Grau do G.O.B. estabelece o momento em que devem entrar os Irmãos Visitantes de suas lojas Co-Irmãs.

O Ritual do 1º Grau

Passaremos agora a descrever e comentar o Ritual do Grau de Aprendiz Maçom, sem contudo transcrevê-lo, eis que é vedado dar-lhe publicidade.

O Supremo Conselho do Rito Escocês Antigo e Aceito para o Brasil é o detentor e zelador do Rito. Toda e qualquer alteração que necessite ser feita deverá antes ser submetida à consulta do Supremo Conselho, com sede na cidade do Rio de Janeiro, no Brasil, e Lausane, na Suíça.

Os rituais maçônicos não têm circulação "profana", isto é, circulam tão-somente dentro das próprias Lojas, para evitarem-se distorções e vulgarizações.

A reserva é apenas uma questão de regulamento, pois não existe nenhum segredo a guardar, mas apenas um sigilo a preservar.

Portanto, serão comentados, para a orientação dos maçons Aprendizes e para serem dadas instruções nas Lojas, os assuntos mais importantes, segundo o sistema do Ritual pela ordem.

*
* *

Os Deveres

Apenas o Primeiro Vigilante e o Guarda do Templo têm deveres para cumprir.

O Primeiro Vigilante tem dois: verificar se o Templo está coberto e verificar se todos os presentes são maçons.

O Guarda do Templo tem apenas o dever de verificar se realmente o Templo está coberto.

A cobertura do Templo tem duas interpretações, a saber:

1ª — Se a porta de entrada está devidamente fechada.

Os trabalhos de uma Loja devem ser realizados a portas fechadas. Fora da porta encontra-se em guarda o Cobridor Externo, que zela para que ninguém venha a perturbar a sessão.

Internamente, o Guarda do Templo coloca-se junto à porta, e quando alguém bater ritualisticamente, avisará o Primeiro Vigilante que, por sua vez, comunicará ao Venerável Mestre; este, caso julgar conveniente, mandará ver quem bate; se tiver sido um Irmão do Quadro atrasado, lhe franqueará o ingresso; se for um visitante, então enviará o Mestre de Cerimônias, que o examinará.

A Loja tem somente uma porta, a de entrada.

O Templo deverá ser construído de tal forma que a ventilação seja feita adequadamente sem que permita a estranhos o acesso aos trabalhos. A sala, que tem o formato de um quadrilongo, terá à frente a Sala dos Passos Perdidos, e precedendo a porta de entrada, o Átrio; aos fundos, uma sala apropriada aos trabalhos litúrgicos e, aos lados, corredores, de forma que o quadrilongo deve ficar totalmente isolado.

Geralmente, a ventilação é feita pelo teto, ou por aparelhos elétricos.

2ª — Cobertura esotérica.

Porém, a cobertura de um Templo não se restringe apenas ao seu aspecto físico; cobertura, aqui, é sinônimo de proteção de parte do Grande Arquiteto do Universo.[10] O Guarda do Templo, por delegação do Primeiro Vigilante, notará se o ambiente que acolhe os Obreiros foi devidamente preparado; aqui entra o misticismo da Liturgia maçônica.

É só o Primeiro Vigilante que possui a sensibilidade de, após obtida a informação do Guarda do Templo, sentir se realmente a Loja encontra-se protegida de toda influência profana, refugiando-se os Irmãos em um recinto que realmente deve ser um Templo, onde os trabalhos serão encetados sob os auspícios do Grande Arquiteto do Universo.

O Primeiro Vigilante não responde açodadamente ao Venerável Mestre, antes de olhar para todos os Irmãos e notar em seus semblantes que se encontram iluminados pela Luz que emana do Triângulo Luminoso, o Delta transparente que pende do Dossel e onde está inserida a letra hebraica IOD.

A sua resposta autoriza o Venerável Mestre a prosseguir nos trabalhos.

O segundo dever do Primeiro Vigilante é verificar se todos os presentes são maçons.

No início dos trabalhos, não entram visitantes,[11] e todos os presentes são conhecidos do Primeiro Vigilante, que sempre vigiou seus passos, desde o dia em que foram, pela Iniciação, recebidos como membros do Quadro.

Não basta, porém, que os Irmãos estejam de pé, na postura exigida, e vestindo o Avental e insígnias da Loja. Não é somente neste aspecto que o Primeiro Vigilante há de verificar se os presentes são maçons, porque isto é óbvio.

---

10. Deus também é denominado de Grande Geômetra, Senhor dos Mundos.
11. Atualmente são raras as lojas que obedecem a esse preceito.

Ser maçom não é apenas colocar-se dentro de um Templo, devidamente aparamentado e em postura correta; ser maçom é irradiar as qualidades mentais e espirituais adquiridas por uma vivência maçônica.

Entre a lenda e a parapsicologia surge o fato comumente conhecido da auréola dos santos, uma espécie de círculo luminoso que já os pintores da Renascença colocavam em suas telas, em torno das cabeças de personagens bíblicos e posteriormente das pessoas que os Papas canonizavam.

Embora invisível ao olho comum, a sensibilidade do Primeiro Vigilante capta essa disposição da alma, e poderá afirmar que, realmente, todos os presentes são maçons.

Quando da entrada no Templo, o Mestre de Cerimônias faz uma breve preleção convidando todos a que se entreguem a uma meditação a fim de deixarem para trás os problemas do mundo profano de onde provêm.

Cabe a todo Irmão, ao penetrar no Templo, revestir-se dessa auréola espiritual, para criar o ambiente favorável à evolução espiritual, pois o maçom crê que dentro do Templo há, na magia do Ritual, a presença do Grande Arquiteto do Universo.

O Primeiro Vigilante informa ao Venerável Mestre que todos os presentes, "pelo sinal que fazem", são maçons.

Os maçons no momento da verificação fazem o sinal adequado. Este sinal deve ser observado em seu dúplice aspecto: o sinal físico e o espiritual. O espiritual, como dissemos, é a irradiação, ou emanação de suas mentes, ou seu estado de espírito.

No Oriente,[12] por sua vez, o Venerável Mestre faz idêntica verificação nos Irmãos que lá se encontram e dá o seu testemunho dizendo: "Também sois do Oriente".

*
* *

---

12. Local onde se encontra o Venerável Mestre em seu trono.

A Abertura da Loja[13]

Para que o Venerável possa "abrir" a Loja, devem existir condições. Estas condições serão anunciadas pelo Orador.

Uma delas é a presença mínima de sete Obreiros, dos quais três devem possuir o Grau de Mestre.

Embora os trabalhos desenrolem-se no 1º Grau, o de Aprendiz,[14] os três participantes deverão ser revestidos de Grau de Mestre para ocuparem os cargos denominados de Luzes, ou seja, o Venerável e os dois Vigilantes.

A presença do Venerável titular não é obrigatória, pois ele pode ser substituído pelos Vigilantes,[15] e estes, por qualquer Mestre.

O Orador verificará esta condição, bem como verificará se todos os presentes encontram-se revestidos de suas insígnias, isto é, dos Colares indicativos de suas posições. Os Aventais usados pelos Obreiros não constituem insígnias; os Aventais são a condição veri-ficada pelo Primeiro Vigilante.

O Secretário anunciará que há número legal, informação que lhe foi prestada pelo Chanceler.

O Mestre de Cerimônias informará ao Venerável que a Loja está composta, pois os cargos se encontram preenchidos e os presentes estão devidamente trajados e aparamentados.

---

13. Abertura dos trabalhos ritualísticos.
14. São 3 os Graus Simbólicos e 30 os denominados Filosóficos: a Maçonaria Simbólica trabalha apenas com os 3 primeiros Graus.
15. Na Maçonaria Simbólica, só os *Past-Masters* podem substituir o Venerável, também denominados de Mestres Instalados.

O Mestre de Cerimônias anunciará ao Venerável Mestre que a Loja está composta.

O significado deste anúncio é transcendental, pois equivale a anunciar que a "obra está completa", pois a Loja representa o Universo.

O Grande Arquiteto, que é Justo, criou a obra Perfeita.

A disposição dos Obreiros dentro da Loja, ocupando os cargos, sejam seus titulares ou não, será definitiva após o anúncio do Mestre de Cerimônias.

Supondo-se que um titular chegue atrasado; não poderá ocupar o seu lugar, sob pena de desequilibrar a obra definitiva. O Grande Arquiteto criou o Universo, além de perfeito, definitivo.

Os Irmãos Diáconos têm o seu lugar destacado, tanto que isto é evidenciado pelo Venerável Mestre, ao lhes fazer a pergunta: "Qual o vosso lugar, irmão Primeiro Diácono?"

Os Diáconos são os mensageiros do Oriente e do Ocidente; as suas insígnias, um Malho e uma Trolha,[16] podem ser substituídas por uma Pomba em voo, recordando o episódio da Arca de Noé,[17] quando as pombas retornaram trazendo em seu bico um pequeno ramo de oliveira, comprovando que as águas do Dilúvio já haviam escoado.

Apenas o Venerável Mestre e o Primeiro Vigilante têm à sua direita, sentados, os Diáconos, porque quem ordena no Oriente é o Venerável Mestre, e no Ocidente o Primeiro Vigilante, sendo este o substituto do Venerável Mestre.[18]

As Luzes[19] da Loja possuem Altar sobre estrados, enquanto os Secretário, Orador, Chanceler e Tesoureiro o possuem sem estrado.

O Altar do Venerável Mestre não se deverá confundir com o Altar dos Juramentos, ou Ara.

---

16. O Malho ou Maço é um martelo em ponto maior.
17. Gênesis, cap. 8, vers. 8.
18. Landmark nº 10.
19. São Luzes o Venerável e os dois Vigilantes.

Os Diáconos, além de serem os executores das ordens do Venerável Mestre e Primeiro Vigilante, são os "fiscais do respeito, disciplina e ordem". Os Diáconos têm permissão de levantarem-se dos seus lugares e advertir os que possam perturbar os trabalhos.

O Primeiro Vigilante ocupa o Altar situado na parte ocidental da Loja, onde se oculta o Sol para findar o dia, quando os Obreiros recebem seu salário e são despedidos contentes e satisfeitos.

O labor do Primeiro Vigilante é noturno, compreendendo o período do ocaso à meia-noite, quando as trevas são totais e os Obreiros merecem o descanso.

Os Obreiros, ao findarem seu trabalho, sentem a satisfação e o contentamento de verem cumprido seu dever. Repousam fartos, pois tiveram alimento abundante.

O Segundo Vigilante coloca-se no Altar onde poderá observar a trajetória de Sol ao meio-dia até o ocaso, trajetória limitada no espaço formado pelas Colunas denominadas de Salomão, as que têm as letras "J" e "B".

O Segundo Vigilante manda os Obreiros à recreação, ou seja, a um descanso breve, para renovação de forças.

A posição do Venerável, no Oriente, permite-lhe assistir ao nascer do Sol, até atingir o Meridiano. Dirige os trabalhos e esclarece os Obreiros com a sua sabedoria.[20]

O Venerável, cumprindo o Ritual, afirma sempre sobre os motivos de a Loja estar reunida: combater a tirania, a ignorância, os preconceitos e os erros; glorificar o Direito, a Justiça e a Verdade; promover o bem-estar da Pátria e da Humanidade, erguendo Templos à Virtude e cavando masmorras ao vício.

Esta afirmação equivale à declaração dos Princípios Maçônicos.

O Chanceler levanta e define o que seja a Maçonaria, definição convencional, eis que poderia ser escolhida qualquer outra; a alteração da definição usual não significaria alteração do Ritual na sua essência.

---

20. O Venerável representa o rei Salomão que é denominado de Coluna da Sabedoria.

> "A Maçonaria é uma Instituição que tem por objetivo tornar feliz a Humanidade pelo amor, pelo aperfeiçoamento dos costumes, pela tolerância, pela igualdade e pelo respeito à Autoridade e à Religião, sendo Universal, espalhando-se as suas Oficinas por todos os recantos da Terra, sem preocupação de fronteiras e raças".[21]

Por respeito à Religião entende-se que a orientação religiosa dos maçons deve ser respeitada, seja qual for; aqui não se fixa determinada religião, tanto que é vedada qualquer referência nas discussões, teses e trabalhos, que possa envolver a política partidária, a diversidade das raças humanas e a religião de cada Obreiro ou do país onde ela fora oficializada.

Tem sido discutido se a Maçonaria seria uma religião ou não; em certos aspectos ela se confunde com práticas religiosas mormente dentro da Liturgia Maçônica; contudo, estes são aspectos comuns, eis que a religião não é proprietária de Deus ou das coisas espirituais.

O homem pode ser espiritualista e não ter religião, mormente se traduzirmos exatamente o termo religião, com as suas raízes latinas *religare*.

*
* *

---

21. O Ritual do G.O.B., entretanto, não possui essa declaração.

A Palavra Sagrada

A Palavra Sagrada é imutável e faz parte do Ritual, sendo transmitida de geração a geração, sem ser escrita. Ela é transmitida por meio de um sussurro, ao ouvido, que parte do Venerável e é conduzida pelos Diáconos aos Primeiro e Segundo Vigilantes.

É transmitida duas vezes, no início e no fim dos trabalhos.

A Palavra Sagrada, ao ser transmitida, produz pelo sussurro uma vibração esotérica,[22] que transmite a força necessária para que os trabalhos se executem com ordem e perfeição. Funciona como a Palavra Semestral[23] ao ser transmitida na Cadeia de União.

A Palavra Sagrada permanece, sempre, entre o Venerável e os Vigilantes, sendo os Diáconos meros mensageiros e transportadores.

As Luzes, que são o Venerável e os Vigilantes, constituem um corpo espiritual único, e em uma comparação apenas ilustrativa, como se fossem parte de uma trilogia religiosa do Pai, Filho e Espírito Santo, ou as três faces de triângulo.

No Altar[24] do Venerável são colocadas três poltronas que simbolizam a presença dos Vigilantes; estes, no Ocidente, apenas deslocados no Espaço, pois permanecem integrados na espiritualidade do Venerável.

Assim, a Palavra Sagrada jamais sai do Venerável Mestre, por isso não tem razão de retornar, como desejam os inovadores.

Após transmitida a Palavra Sagrada, os Diáconos unem-se com o Mestre de Cerimônias, cruzando os seus bastões e formando uma abóbada, sob a qual o ex-Venerável presente ou o Experto é conduzido até à Ara dos juramentos para abrir o Livro Sagrado.[25]

---

22. Mágica
23. Ver o esclarecimento sobre a Cadeia de União.
24. Ou Trono.
25. No Novo Ritual do G.O.B. essa belíssima passagem, denominada Pálio (Proteção) foi, infelizmente, suprimida.

A Abertura do Livro Sagrado

A abertura do Livro Sagrado marca o início real dos trabalhos, pois que o ato reveste-se de transcendental importância, uma vez que simboliza a presença efetiva do Grande Arquiteto do Universo. No Grau de Aprendiz, o Livro Sagrado é aberto no Salmo 133.[26]

Após a abertura, o que preside a cerimônia fará a leitura do Salmo[27] e após colocará na forma ritualística, sobre as páginas abertas, o Esquadro e Compasso. Em seguida, retornará ao seu lugar.

Muitos são os Livros Sagrados, dependendo da situação geográfica em que estiver a Loja. No Brasil, como em toda parte ocidental do Mundo, o Livro Sagrado será a Bíblia. É evidente que poderá surgir uma Loja no Brasil composta de membros hindus e que coloquem sobre a Ara o "Bhagavad-Gita".

Sem nos preocupar com a antiguidade dos Livros Sagrados, iniciaremos alguns comentários com o Livro os israelitas colocam sobre a Ara: o Talmud, que é o livro que contém todos os regulamentos de todas as cerimônias de seu culto, os preceitos que devem seguir e seu uso particular.

Divide-se em duas partes, sendo que a primeira serve como texto e denomina-se de Misna; a segunda é o comentário de texto e que se denomina de Gerama.

Muitos Ritos e Graus maçônicos derivam do Talmud, especialmente o Rito de Misram.

---

26. "Oh! Quão bom e suave é que os Irmãos vivam em união! É como o óleo precioso sobre a cabeça, que desce sobre a barba, a barba de Aarão, e que desce à orla dos seus vestidos como o orvalho de Hermon, que desce sobre os montes de Sião, porque ali o Senhor ordena a bênção e a vida para sempre."
27. No G.O.B., quem abre o Livro Sagrado (ou Livro da Lei) é o Orador.

A descrição da Bíblia ou Sagradas Escrituras, para nós, os ocidentais, torna-se supérflua, pois se trata do livro mais lido, impresso e traduzido que possa existir; contudo, nunca será demais buscar sua análise e interpretação.

O Antigo Testamento é dividido em nove períodos, a saber:

1º período: Desde a criação até o Dilúvio — 1656 anos a.C.

2º período: Do Dilúvio à vocação de Abraão — 426 anos.

3º período: Da vocação de Abraão até a saída do Egito — 430 anos.

4º período: Da saída do Egito à entrada em Canaã — 40 anos.

5º período: Da entrada em Canaã até o rei Saul — 356 anos.

6º período: De Saul até a morte de Salomão; o reino das Doze Tribos — 120 anos.

7º período: Da separação das Doze Tribos até o cativeiro da Babilô-nia; reinos de Judá e Israel — 369 anos.

8º período: O cativeiro da Babilônia 70 anos.

9º período: Do cativeiro da Babilônia até o nascimento de Jesus Cristo — 236 anos.

O Novo Testamento é dividido em dois períodos:

1º período:

1ª época: Da anunciação de João Batista até o nascimento de Jesus Cristo.

2ª época: Do nascimento de Jesus Cristo até Seu Ministério.

3ª época: Do Ministério de Jesus Cristo até a prisão de João Batista.

4ª época: Da prisão de João Batista até a missão dos Doze Apóstolos.

5ª época: Da missão dos Doze Apóstolos à missão dos Setenta Discípulos.

6ª época: Da missão dos Setenta Discípulos até o ingresso triunfal de Jesus Cristo em Jerusalém.

7ª época: Do ingresso triunfal de Jesus Cristo em Jerusalém até a sua prisão.

8ª época: Da prisão de Jesus Cristo até a Sua morte.

9ª época: Da morte de Jesus Cristo até a Sua ascensão.

2º período:

1ª época: O Evangelho é anunciado aos judeus e aos samaritanos.

2ª época: A evangelização dos gentios tementes a Deus.

3ª época: Missão entre os gentios idólatras. Primeira viagem de São Paulo.

4ª época: Segunda viagem de São Paulo

5ª época: Terceira viagem de São Paulo.

6ª época: Da viagem de São Paulo até a sua prisão em Roma.

7ª época: Da última viagem de São Paulo até o final do Novo Testamento.

    As Sagradas Escrituras são a fonte credenciada dos conhecimentos históricos e místicos da Maçonaria. Quem já está familiarizado com os Graus Maçônicos, ao lê-las verificará quão estreitas são as relações desta coletânea de documentos com os Rituais do Rito Escocês Antigo e Aceito.

O Bhagavad-Gita

Há certa confusão entre os termos *Bhagavad-Gita* e o *Bhavagad-Gita*, e a troca da letra "g" pela letra "v", poderia passar até despercebida.

O *Bhavagad-Gita* faz parte da volumosa epopeia indiana da Mahabharata, que abrange milhares de versos. O *Bhagavad-Gita* possui apenas 770 versos, distribuídos em 18 capítulos e que constituem os grandes livros[28] espirituais do Oriente.

O *Bhagavad-Gita* narra, de forma simbólica, a história evoluti-va do indivíduo humano.

O poema diz respeito a um longo diálogo entre Arjuna e Krishna. Arjuna representa o homem profano.[29] Krishna[30] é o próprio Deus em forma humana.

O jovem príncipe Arjuna vê usurpado o seu trono, e resolve reconquistá-lo à força, com as armas. Mas quando enfrenta o inimigo no campo de Kurukshera, verifica com surpresa e espanto que os seus adversários são os seus próprios parentes. Depõe, então, as armas. E afirma: "Que vale possuir um trono e não ter parentes?"

Aparece então Krishna e dá ordem ao Príncipe desanimado de lutar e reconquistar o trono, derrotando os usurpadores.

Arjuna luta e reconquista o trono e o domínio. Arjuna é a alma humana. Os usurpadores são as faculdades inferiores do homem, o corpo, a mente, as emoções, a sua persona-ego que antes do despertar da alma se apoderam dos domínios dela, arvorando-se em legítimos senhores e donos da vida humana.

---

28. Quatro volumes equiparados aos quatro Evangelhos.
29. Ego-físico-mental-emocional.
30. Cristo.

Surge, então, o Espírito Divino que habita o homem e faz ver à alma que ela é a legítima proprietária e soberana desse reino e deve submeter a seu domínio as potências usurpadoras, corpo, mente, emoções, todas as faculdades da persona-ego.

*
* *

Os Vedas

Ignora-se a data do surgimento dos Vedas, pois são muito e muito mais antigos que o *Bhagavad-Gita*. O conhecimento dos Vedas é eterno e trata da criação e da dissolução. Ramificam-se por diversas religiões orientais em diferentes países e diferentes povos; são como um tronco principal e dele saem os ramos.

Na Índia existe o sistema de castas, baseado na sabedoria dos Vedas. Os problemas e a evolução de alguém permanecem e são solucionados na família. Hoje, as coisas modificaram-se, mas continuam as castas para que em uma aparente discriminação seja permitido ao homem ter o máximo de desenvolvimento espiritual e, portanto, seja permitido à Sociedade ter o máximo, de uma maneira conjugada.

O crescimento de cada indivíduo é máximo, o crescimento da Sociedade é máximo. O ensinamento básico é oriundo da tradição dos Vedas.

Descrevemos aqui o primeiro aspecto dos Vedas; o seu segundo aspecto é o *Upasana Kanda*, que significa sentar-se perto de Deus. O terceiro é Vedante, isto é, o fim do Veda, o capítulo do conhecimento.

Este capítulo nada tem a ver com a execução ritualística. É o reconhecimento falado e ouvido. Ouvindo-se tal conhecimento, recebe-se iluminação, porque é a pureza recebida na mente por todos aqueles hinos, mantras e cantos.

Iluminação significa que a mente é capaz de perceber a unidade da vida no meio de toda a diversidade. Esse conhecimento é o terceiro aspecto dos Vedas. Como fazer uso da estrutura física da vida, como fazer uso da estrutura mental ou da estrutura mais sutil da vida e como fazer uso do espírito que é a base da vida: o Ser Transcendental.

Todos esses três aspectos: espiritual transcendente, mental e físico, todos crescem, alcançando o estado que produz aquela consciência capaz de ter aquela unidade no meio da diversidade.

Desfruta-se, assim, o Absoluto eterno, unidade imperecível de vida; ao mesmo tempo quase desfrutam as diversidades inerentes ao campo da atividade. Este é todo o propósito dos Vedas que a nenhum homem vivendo no campo da diversidade (campo de morte, campo de mudança) seja permitido lá permanecer todo o tempo. Deve-se dar-lhe a oportunidade da evolução.

Seu corpo e sua mente devem ser cultivados a fim de que aquele estado imperecível de Ser Eterno permeie todos os fenômenos mutáveis no campo relativo.

Cultivar o indivíduo, cultivar o aspecto físico do indivíduo pela reta ação, reta alimentação, sentimentos virtuosos, bons pensamentos, reto pensar, e, então, pela comunicação com seres mais elevados, a mente interna purifica-se. Desta forma, o aspecto físico da vida será purificado, o aspecto mental da vida será purificado e o Ser eterno espiritual será trazido para suplementar as esferas físicas e mentais da vida. Assim, o homem em atividade vive aquele Ser Absoluto, eterno e imperecível.

Esta é uma visão geral sobre os Vedas. Os detalhes são apenas detalhes. Porém, nesta visão geral vimos os Vedas no campo total, no propósito de toda criação; o indivíduo com os diferentes planos de vida e com o eterno Ser Onipotente.

*
* *

O Alcorão ou o Corão

É o livro sagrado dos muçulmanos que Maomé atribuía ao próprio Deus. Divide-se em 144 capítulos,[31] subdivididos em versículos. No princípio, o Alcorão era conhecido apenas pela tradição e era recitado e transmitido oralmente, e somente após a morte de Maomé é que passou a ser escrito.

Morto Maomé, Abu-Bekr o escreveu e imprimiu, e mais tarde Omar o revisou.

O Alcorão é um conjunto de normas morais e preceitos dogmáticos e fonte única do direito, da administração, da moral, etc.

Admite a predestinação, mas atribui ao homem a responsabilidade de suas ações.

O Maometismo ou o Islamismo teve como berço a Arábia e surgiu pelo ano 571 em Meca. Maomé foi criado pelo avô, Abd-el-Mettaleb e após, por um tio, Abu-Taleb, dedicando-se ao comércio.

Casou com a viúva Kadidja, muito rica e, quando completou 40 anos de idade, lhe apareceu o anjo Gabriel anunciando-lhe a missão de profeta. Recolheu-se ao ostracismo durante 15 anos, meditando sobre como poderia realizar uma reforma social e religiosa da nação árabe.

Converteu sua família e amigos, mas grangeou muitos inimigos a ponto de precisar fugir, isto no ano 622, data que realmente marca o início de seu apostolado. A fuga ou a hégira é o marco inicial do Islamismo.

Sua primeira pregação foi feita com armas, saindo vencedor da guerra, conquistando Meca em 630. Paulatinamente, conquistou seu povo e pretendeu conquistar o mundo, mas foi derrotado por Carlos Martel.

---

31. Suratas.

Todos os dogmas e preceitos, Maomé os reunira, mantendo-se por tradição e transmitindo-os ao seu povo, oralmente, formando, assim, o primeiro livro não escrito.[32]

Depois da morte do profeta, já com o Alcorão escrito, o Islamismo espalhava-se pela Ásia e pelas margens do Mediterrâneo, no nordeste africano. Mais tarde, os mouros e os sarracenos, conhecidos como muçulmanos do Maghreb, conquistaram a península Hispânica e tentaram penetrar na Gália, sendo expulsos por Carlos Martel em 732.[33] Só no século XV é que os mouros retiram-se da península Espanhola.

Em 1453, Maomé II apoderou-se de Constantinopla fundando poderoso império, permanecendo o Islamismo estacionário, porém, impedindo a penetração europeia.

O direito muçulmano tem uma base essencialmente religiosa.

Os códigos ocupam-se da purificação, das orações legais, das exéquias, da dízima e da esmola, do jejum legal, das peregrinações a Meca, das transações comerciais, das sucessões, do casamento, do divórcio, da fé, dos delitos, da justiça, do poder temporal e espiritual, etc.

A contribuição do Islamismo para a civilização não é desprezível, bastando citar a criação da gramática.

No Brasil, a religião muçulmana é bastante difundida, em face da imigração de elementos vindos do Oriente; portanto, não deverá causar espécie se em alguma Loja for aberto à guisa do Livro Sagrado o Alcorão.

Contudo, surgiram novas doutrinas, também introduzidas em nosso país, como os Mórmons e a Fé Baha'i, a par de outras, a que denominaremos de doutrinas exóticas. Tendo elas seus livros sagrados peculiares, justo e admissível será que sejam usados para a abertura dos trabalhos maçônicos, em Lojas compostas de mórmons ou Baha'is.

---

32. *Al-Coran*.
33. Batalha de Poitiers.

O Livro dos Mórmons

A Antiga Escritura, chamada o Livro dos Mórmons, tornou-se conhecida pelo trabalho de Joseph Smith. Afirmou ele que, durante a noite de 21 de setembro de 1823, depois de haver recebido uma manifestação divina de transcendental importância, dirigiu ao Senhor uma oração fervorosa, quando lhe aconteceu o que passa a descrever:

"Enquanto dirigia minha oração ao Senhor, descobri que uma luz aparecia em meu aposento, a qual continuou a aumentar a ponto de o quarto ficar mais iluminado do que a luz do meio-dia, quando repentinamente, apareceu ao lado de minha cama uma personagem suspensa no ar, pois que seus pés não tocavam o solo.

Ela estava vestida com uma túnica solta, da mais rara alvura. Era de uma brancura que excedia a qualquer coisa que jamais eu havia visto na terra e não creio que qualquer coisa humana pudesse aparecer tão branca e tão brilhante.

Suas mãos, assim como seus braços, estavam nus até acima dos pulsos, assim também seus pés e pernas estavam descobertos até acima dos tornozelos. Sua cabeça e pescoço também estavam descobertos. Pude verificar que ela não trajava nada além da túnica, pois esta estava aberta de modo que eu podia ver seu peito.

Não era somente sua túnica que resplandescia, mas também a sua pessoa irradiava uma glorificação indescritível e seu semblante era, verdadeiramente, como um relâmpago. O quarto estava excessivamente iluminado, mas a luz brilhava muito mais ao redor de sua pessoa. Tive medo quando a olhei pela primeira vez, porém o meu temor logo passou.

Chamou-me pelo meu nome, dizendo que era um mensageiro enviado por Deus e que seu nome era Maroni; que Deus tinha uma missão para eu executar e, que o meu nome seria conhecido por bem ou por mal entre todas as nações, famílias e línguas, e que se falaria bem e mal de mim entre os povos.

Informou-me que existia um livro, escrito sobre as placas de ouro, descrevendo os antigos habitantes deste continente,[34] assim como sua origem. Disse-me, também, da plenitude do Evangelho Eterno contido nesse livro, tal como fora entregue pelo Salvador a esse povo.

Outrossim, que também existiam duas pedras com aros de prata[35] depositadas juntamente com as palavras, e que a posse e uso destas pedras eram o que constituía os Videntes dos tempos antigos; e que Deus as havia preparado com o fim de traduzir o Livro.

Disse-me, ainda, que, quando obtivesse as placas sobre as quais tinha falado — porquanto ainda não havia chegado o tempo para obtê-las — não deveria mostrá-las a ninguém; tampouco, deveria mostrar o peitoral com o Urim e Trumim, salvo às pessoas a quem fosse ordenado mostrá-las, pois, caso contrário, eu seria destruído.

Enquanto ela conversava comigo a respeito das placas, minha visão se abriu de tal modo que pude ver o lugar onde as mesmas se achavam depositadas, tão clara e distintamente que reconheci o local, novamente, quando o visitei.

Depois dessa comunicação, vi que a luz do quarto concentrava-se ao redor do ser que havia conversado comigo, e assim continuou até que o quarto voltou à escuridão, exceto ao redor dela, quando vi, repentinamente uma espécie de canal aberto até o Céu, pelo qual ela subiu até desaparecer novamente, e então o quarto voltou ao estado em que estava antes dessa luz divina ter aparecido.

Fiquei meditando sobre a singularidade dessa cena, e maravilhado sobre o que me havia dito esse extraordinário mensageiro; quando, em meio de minha meditação, descobri subitamente que meu quarto estava novamente começando a ser iluminado,

---
34. América.
35. Pedras que, ajustadas a um peitoral, constituem o que se Chama de Urim e Trumim.

e, num instante, o mesmo mensageiro divino estava ao lado da minha cama.

Descreveu-me, novamente, e sem alteração, as mesmas coisas que já me havia falado na primeira visita; e, isso feito, informou-me mais dos grandes males que viriam sobre a Terra; quão grandes desolações recairiam sobre a presente geração. Tendo me comunicado todas estas coisas, novamente ascendeu aos Céus, como da primeira vez.

Tão profundas haviam sido as impressões gravadas na minha memória que perdi o sono completamente, ficando atônito com o que o havia visto e ouvido. Mas qual não foi a minha surpresa quando vi novamente o mesmo mensageiro ao meu lado e ouvi dela a repetição das coisas que já havia dito, avisando-me, também, que tivesse cautela com Satanás, o qual procuraria me tentar em razão das precárias condições da família de meu pai, a vender as placas a fim de me enriquecer. Proibiu-me ele isso, dizendo que eu não deveria ter outro objetivo em vista, quando obtivesse as placas, a não ser o de glorificar a Deus, e não deveria ser influenciado por nenhum motivo senão o estabelecimento de Seu Reino, pois, do contrário, não o obteria.

Depois dessa terceira visita, ele ascendeu ao Céu como das vezes anteriores, e fiquei refletindo sobre os estranhos acontecimentos. Quase que imediatamente depois que o divino mensageiro desaparecera pela terceira vez, o galo cantou, e verifiquei que o dia estava chegando, de maneira que nossas entrevistas deviam ter tomado toda a noite.

Pouco depois, levantei-me e, como de costume, comecei os labores do dia; mas, ao tentar trabalhar como das outras vezes, senti-me tão exausto que me foi impossível iniciar o trabalho.

Meu pai, que trabalhava ao meu lado, notando algo estranho em mim, mandou-me para casa. Fui em direção à minha casa, mas ao tentar passar uma cerca no campo, onde trabalhávamos, minhas forças falharam e caí por terra, ficando inconsciente por algum tempo.

A primeira coisa de que me recordo foi uma voz chamando-me pelo nome. Olhei e vi a mesma figura mensageira suspensa no ar sobre a minha cabeça, rodeada de luz como dantes.

Relatou-me, novamente, tudo o que me havia dito na noite anterior, e mandou-me que fosse a meu pai e lhe falasse da visão e do mandato que havia recebido.

Obedeci, voltando para junto de meu pai no campo, e relatei-lhe todo o ocorrido. Disse-me ele que era obra de Deus e mandou-me fazer o que me havia dito a figura mensageira.

Deixei o campo e fui ao lugar onde a figura mensageira me havia informado que as placas estariam; e, pela nitidez da visão sobre o mesmo, o reconheci logo que lá cheguei.

Perto da vila de Manchester, condado de Ontário, no Estado de Nova York, existe um monte de considerável tamanho e o mais elevado da redondeza. No lado oeste do mesmo, não longe do cume, debaixo de uma pedra de grande tamanho, estavam as placas, depositadas em uma caixa de pedra. A pedra de cima era grossa e arredondada na sua parte superior, porém mais fina nas beiradas, de forma que a parte central aparecia à flor da terra, estando, entretanto, as beiradas cobertas de terra.

Tendo removido a terra, e com o auxílio de uma alavanca que coloquei sob a beirada da pedra, com pequeno esforço consegui levantá-la. Olhei para dentro e, de fato, lá estavam as placas, o Urim e Trumim e o peitoral, conforme me havia dito o mensageiro. A caixa em que estavam era formada por pedras soldadas por alguma espécie de cimento. No fundo da caixa havia duas pedras em posição transversal e sobre estas estavam as placas e as outras coisas.

Esforcei-me por tirá-las, no que fui impedido pelo mensageiro, que retornara e, novamente, fui informado de que a época não havia chegado para torná-las conhecidas, o que, somente se daria quatro anos depois; mas, disse-me que nos encontraríamos naquele lugar precisamente um ano mais tarde, e que eu deveria continuar a fazer assim até o tempo de obter as placas.

Consequentemente, voltei a esse lugar ao fim de cada ano como me havia sido mandado, e certa vez, lá encontrei o mensageiro, recebendo dele, em cada entrevista, instruções sobre o que o Senhor iria fazer, e como e de que maneira o Seu Reinado deveria ser conduzido nos últimos dias.

Chegou por fim o tempo de serem obtidas as placas, o Urim e Trumim e o peitoral. No dia 22 de setembro de 1827, tendo eu ido como de costume, no fim de cada ano, ao lugar onde se achavam depositadas, o mesmo mensageiro divino entregou-me as placas e os outros objetos com a seguinte recomendação:

Eu seria responsável por tudo, e se por acaso alguma coisa se extraviasse por minha negligência, ou por descuido de minha parte, eu seria abandonado, mas, se empregasse todos os esforços para preservá-las até que o mensageiro viesse procurá-las, seria protegido.

Logo soube a razão de ter recebido instruções tão severas sobre a sua guarda, porque o mensageiro me dissera que, quando eu tivesse feito o que me era ordenado, viria procurá-las. Assim que se soube que eu as possuía, fizeram os maiores esforços para tirá-las de meu poder. Todos os estratagemas foram empregados para tal fim. A perseguição tornou-se mais penosa e mais severa do que antes, e multidões estavam alertas, continuamente, a fim de as roubarem, se possível.

Mas, pela proteção de Deus, elas continuaram seguras na minha posse até que acabei de fazer o que me havia sido ordenado. E quando o mensageiro veio procurá-la, de acordo com o ajuste feito, eu as devolvi; e ele as tem sob a sua guarda até esta data, 2 de maio de 1838".

A Abertura do Livro da Lei

O Primeiro Diácono, após transmitir a Palavra Sagrada ao Primeiro Vigilante, irá colocar-se à frente da Coluna "B" Da mesma forma procederá o Segundo Diácono, que se colocará à frente da Coluna "J".

Os Diáconos aguardarão a chegada do ex-Venerável,[36] que se colocará entre ambos.

O Mestre de Cerimônias que segue o ex-Venerável permanecerá às suas costas, formando assim um triângulo. Nesta posição, todos os quatro saúdam o Venerável Mestre.

Ao iniciarem a marcha em direção ao Ara,[37] os bastões são erguidos formando um dossel.[38] Chegados ao Ara, o ex-Venerável[39] avança um passo, e torna sozinho a saudar, desta vez, o Delta Sagrado,[40] passando à cerimônia da abertura do Livro Sagrado.[41]

Entre dossel e abóbada há diferença, eis que esta normalmente é formada com espadas entrelaçadas, em forma de túnel.

Com os bastões, não se poderá formar uma abóbada, porque existem apenas três bastões, daí o termo mais acertado, para a triangulação diante da Ara por ocasião da abertura do Livro da Lei, ser o de dossel.

A origem dos bastões provém da mitologia grega, quando Prometeu, ao ser conduzido para realizar um passeio pelos céus,

---

36. Na ausência do ex-Venerável, o Experto.
37. Ou Altar dos Juramentos.
38. Ou Abóbada.
39. *Vide* obra do mesmo Autor: *O Delta Luminoso*.
40. No G.O.B., é o Orador que assume essa função.
41. No G.O.B., essa passagem, que era quase idêntica, foi profundamente alterada.

furtou fogo dos deuses, retirando-o do carro do Sol e escondendo-o dentro de uma férula, que era um bastão oco.

Em Graus superiores da Maçonaria, empresta-se ao fogo um papel mais destacado que no Grau de Aprendiz.

Ao ser aberto o Livro da Lei, o ex-Venerável passa a dar leitura ao Salmo 133:

"Eis quão bom e quão agradável é habitarem juntos os Irmãos! É como o óleo precioso sobre a cabeça, o qual desceu sobre a barba, a barba de Aarão, e que desceu sobre a orla das suas vestes; como o orvalho de Hermon, que desce sobre os montes de Sião. Pois ali Jeová ordenou a bênção, a Vida para sempre".

(Tradução segundo os originais gregos)

Procedida a leitura, compassadamente e em voz audível, o Oficiante entrelaça o Esquadro e o Compasso e os deposita no centro do Livro Sagrado.

Obviamente, quando o Livro Sagrado não for a Bíblia, outra leitura será feita.

O Compasso e o Esquadro passam a ficar unidos somente enquanto a Loja estiver em funcionamento.

Representam a medida justa que deve presidir todas as ações, isoladas, de cada componente da Loja e, conjuntas, dentro do trabalho maçônico, cujas ações não podem afastar-se da Justiça e da Retidão que regem todos os ato de quem, realmente, tem consciência de ser maçom.

As pontas do Compasso, ocultas sob as extremidades do Esquadro, demonstram que o Aprendiz deve ser Paciente no trabalho da Pedra Bruta, pois só poderá usar o instrumento linear até apresentar a sua obra aceitável aos olhos da Loja e submetê-la à decisão sábia do Venerável Mestre.

O fato de Esquadro e Compasso estarem entrelaçados sobre o Livro da Lei que se encontra aberto comprova que a obra divina, não cessou; o Oficiante depositou de forma cerimoniosa os instrumentos de trabalho, como uma oferta, sobre o Ara, antigo altar dos sacrifícios.

Assim, o Aprendiz que irá manusear o Esquadro para desbastar a pedra que lhe foi entregue, na qualidade de depositário transitório, estará executando uma obra divina, eis que a Pedra Bruta é ele próprio.

O Esquadro e o Compasso sempre estão juntos, para demonstrar que, se usado o Esquadro, ainda será necessário recorrer ao uso do Compasso; se chegado o momento de ser usado o Compasso, permanecerá presente o Esquadro para lembrar que jamais os primeiros passos e as primeiras tarefas tornam-se supérfluas. O Aprendiz deverá sempre retornar ao uso de seu primitivo instrumento, mesmo quando tiver atingido a magnitude maçônica.

Quem une o Esquadro e o Compasso é o ex-Venerável, ou, na sua ausência, um *Past-Master*, ou seja, outro membro da Loja que tenha sido Venerável, e na falta, o Experto. No momento em que o ex-Venerável dá o passo em direção ao Ara e faz a saudação, transforma-se em Oficiante.

Somente o Oficiante poderá entrelaçar e desfazer a união do Esquadro e do Compasso; a ninguém mais é permitida oficiar a cerimônia.

O Oficiante, portanto, que está sob o dossel, ladeado pelos mensageiros do Venerável Mestre e escudado no Mestre de Cerimônias, deverá, ao dirigir seus passos em direção ao Ara, revestir-se de autoridade e compreender o alto significado da cerimônia que está oficiando.

Pareceria, à primeira vista, um ato singelo, comum e corriqueiro; no entanto, há na ação do Oficiante uma repetição simbólica da construção do ser humano, o que equivale dizer, da construção do Templo humano.

O Oficiante abre o Livro Sagrado, ou seja, abre o Universo e, ao ler em voz alta o Salmo, oferece o seu sopro, iniciando com a sua vibração os mistérios ocultos da Maçonaria, espiritualizando os símbolos que o cercam, em uma ação de criatividade, sempre diferente para cada reunião que se inicia.

Todos devem acompanhar o cerimonial com atenção porque participam dos resultados, desaparecendo o homem profano, para que em uma perfeita união, possam as palavras do Salmista penetrar no íntimo de cada um, transformando as dificuldades da vida em momento de indizível paz.

O homem necessita de momentos de recolhimento onde possa encontrar misticismo, religiosidade, compreensão, amor fraterno, fugindo ao cada vez mais cruel contato com os seus semelhantes na competição do quotidiano.

Encerrada a leitura, o Oficiante passa a executar com ambas as mãos o seu trabalho; toma com a mão direita o Esquadro e o coloca no centro do Livro; com a mão esquerda entrelaça o Compasso. A obra consumada, retira-se satisfeito por ter cumprido, posto que simbolicamente, a tarefa que lhe foi deferida.

Como apenas os ex-Veneráveis e os Expertos podem abrir o Livro da Lei, nem sempre esses estão preparados; poderá acontecer que o ex-Venerável mais moderno não esteja presente, mas sim outro mais antigo, que não suspeitava sequer competisse a ele oficiar; colhido de surpresa, sentir-se-á sumamente honrado em participar de tão significativa cerimônia.

Há no Ritual do Aprendiz um conjunto de cerimônias que, executadas com perfeição, dispensam tratar de quaisquer outros assuntos próprios das reuniões maçônicas e que se denominam de administrativas, culturais ou de instrução.

Desenvolver apenas o Ritual já traria, para os participantes, os benefícios a que todos aspiram.

*
* *

O Saco de Propostas e Informações

O Saco de Propostas e Informações tem sido sempre a maneira mais singela da coleta, porque a mão que coloca a oferta permanece oculta dentro do recipiente, deixando de constranger quem nada coloca e evitando conhecer quem entrega a proposta ou a informação.

O saco, confeccionado em fazenda, couro ou material que melhor se adapte, não apresenta uniformidade; isso depende da sensibilidade artística do Arquiteto.

Existem dois sacos idênticos, porém com finalidade diversa: o Saco de Propostas e Informações e o Tronco de Solidariedade;[42] este será objeto de estudo à parte.

Frequentemente, circula o Saco de Propostas e Informações sem nada colher.

Em primeiro lugar, observemos a forma correta de o Mestre de Cerimônias conduzir o saco: O Mestre de Cerimônias levanta-se de seu lugar, deixa seu bastão, apanha o saco que está ao seu lado e vai para o local entre Colunas; segura o saco com a mão esquerda, perfila-se, coloca os pés em esquadria e saúda o Venerável Mestre; desfaz o sinal, agarra o saco com ambas as mãos, uma de cada lado da boca, colocando-o à altura da cintura do lado esquerdo, junto ao corpo, e inicia o giro regulamentar obedecendo à ordem hierárquica do Ritual; findo o giro, retoma para entre Colunas, faz nova saudação e aguarda ordens.

Aparentemente, todo este cerimonial apresenta-se simples e despido de maior interesse, pois, superficialmente, destina-se a coletar alguma proposta ou informação.

---

42. Também denominada Tronco de Beneficência.

Contudo, a cerimônia reveste-se de transcendental importância, iniciando pela figura do Mestre de Cerimônias, que tem a missão inicial de "compor" a Loja, ou seja, preencher cargos, isto antes de serem os trabalhos iniciados.

O Mestre de Cerimônias simboliza o ordenanento do Caos e a criação do Universo, recordando assim a criação no Mundo como vem referida no Gênesis.

Uma vez composta a Loja, não poderá mais haver nenhuma substituição, mesmo chegando atrasado o titular de um cargo.

Portanto, quem simbolizou o ordenamento do Caos é que irá circular com o saco de Propostas e Informações; o giro que irá iniciar, por ordem hierárquica prevista no Ritual, tem a sua razão de ser; o Mestre de Cerimônias desloca-se de onde está e vai oferecer a bolsa, em primeiro lugar, ao Venerável Mestre.

Todos deverão colocar a mão direita dentro do Saco de Propostas e Informações, embora nada tenham para depositar.

Pela posição hierárquica, o Venerável Mestre, ao colocar a sua mão destra, emitirá ao mesmo tempo todos os seus fluidos; estes em quantidade necessária para fortalecer todos os presentes.

O que vem a ser fluido? Apenas a designação convencional do poder físico que cada ser emite, as suas forças vitais, a potência mental, a transmissão de poderes psíquicos, poderes espirituais.

Temos muitos exemplos sobre os poderes que emanam da própria pessoa, como no caso de Moisés com as suas invenções em favor de seu povo, fugindo dos egípcios; do próprio Jesus, ao fazer curas, impondo as mãos ou tocando os enfermos; enfim, a ninguém é dado ignorar a força que emana dos seres, até mesmo do homem e mormente do maçom.

Dentro do desenvolvimento do Ritual, encontramos vários atos semelhantes, e para exemplificar, já que no seu devido tempo serão considerados em capítulos à parte, temos a transmissão da Palavra Sagrada por meio de um sussurro, temos os toques, a coleta de propostas e informações, a coleta de óbolos e, indiscutivelmente, a de maior potencialidade, a Cadeia de União.

Quando o Venerável Mestre coloca a sua destra, e depois dele, pela ordem hierárquica, quem estiver sentado ao seu lado, os Vigilantes, as Luzes, os Oficiais, os Mestres, Companheiros e finalmente os Aprendizes,[43] e sem ser preciso nada colocar, o saco vai coletando todos os fluidos, mas dentro dele esses fluidos somam-se e dividem-se, sendo distribuídos ao mesmo tempo que deportados; assim, o que mais tem, mais dá; o que pouco tem, mais recebe, havendo uma troca que passa a formar o equilíbrio.

Trata-se de um tema à primeira vista simples, mas que contém, se aprofundado, lições esotéricas,* místicas e altamente maçônicas no seu sentido filosófico.

Eis porque não se poderia coletar de forma desordenada fugindo à ordem preestabelecida da hierarquia de cargos.

Quando o Venerável Mestre recebe o saco, e o despeja sobre sua mesa, jamais poderá afirmar, como só acontece em algumas Lojas, que o "Saco de Propostas e Informações" nada colheu.

Se não colheu papéis, colheu obviamente os fluidos, como ficou explanado. Será correto o Venerável Mestre anunciar que o Saco de Propostas e Informações não colheu nenhuma proposta ou informação, tendo porém colhido o seu principal objetivo.

O Tronco de Beneficência atua de maneira quase idêntica, porém sempre colhe o óbolo destinado a socorrer os necessitados.

Torna-se supérfluo dizer da importância das contribuições ao que é a demonstração de desprendimento, interesse social e participação estreita com os problemas do próximo, seja profano, seja maçom.

A forma de conduzir o Tronco de Beneficência é idêntica à do Saco de Propostas e Informações; só que o condutor será o Irmão Hospitaleiro.

Finda a coleta, o Hospitaleiro deposita o que colheu sobre o mesa do Tesoureiro, que fará a conferência. Compete ao Hospitaleiro, de acordo com as determinações da Diretoria, dar o destino às coletas.

Contudo, o Hospitaleiro poderá manter sigilo quanto ao uso da coleta, pois poderá ter servido para auxiliar um Irmão do Quadro, o que tornaria o auxílio um ato de constrangimento.

No século retrasado, a circulação de Tronco de Beneficência apresentava outra faceta curiosa, abandonada em nossos dias: o

---

43. No G.O.B. a ordem é a seguinte: U.M., 1º Vigilante, 2º Vigilante, Orador, Secretário e Cobridor interno, formando uma estrela de seis pontas. Após, vem os Mestres instalador, autoridades, Mestres Maçons, Companheiros e Aprendizes.
* Esotérico, ou oculto.

Irmão necessitado tinha a liberdade de retirar do "saco" a importância necessária para solucionar o seu problema financeiro. A mão introduzida no saco poderia tanto colocar como retirar; era a verdadeira permuta e o equilíbrio, também financeiro.

Ao circular o Saco de Beneficência, bem como o de Propostas e Informações, os coletores nada dirão, e tampouco agradecerão.

Observa-se em algumas Lojas que o coletor faz a saudação gutural, ou bate os calcanhares em agradecimento ou saudação, o que é errado, pois a saudação gutural não poderia ser feita, de vez que ambas as mãos estão ocupadas, e a continência com os calcanhares não é prática maçônica.

*
* *

O Patrono da Maçonaria

Encerrada a cerimônia da abertura do Livro de Lei ou Livro Sagrado, o Venerável Mestre, invocando o nome do Grande Arquiteto do Universo, abre os trabalhos, com as palavras sacramentais do Ritual, oferecendo-as ao nosso patrono, São João.

No Livro da Lei, na parte do Novo Testamento, surgem várias citações sobre João, criando-se muita confusão entre São João Batista e São João Evangelista; este, autor do Evangelho de São João, e o primeiro, autor do batismo de Jesus.

Com a descoberta da existência dos Essênios, mormente após o surgimento dos manuscritos de Qumram, surgiu a lenda de que um dos dirigentes teria sido São João Batista e que o próprio Jesus teria sido iniciado naquela seita, onde teria permanecido durante o período de silêncio existente entre a discussão de Jesus no Templo, quando tinha 12 anos de idade, e o Seu batismo, com 30 anos.

A versão não é aceitável. A Maçonaria medrara sempre entre os poderosos. Jesus era o símbolo da humildade, sendo os Seus prosélitos gente do povo, pecadores, enfermos e atribulados; José de Arimateia, o rico homem que acolhera os despojos de Jesus, teria sido discípulo oculto, em face da sua posição social.

Contudo, o Evangelho contém todos os postulados maçônicos sem isso significar qualquer ligação entre o Cristianismo e a Maçonaria.

Mas a influência do Cristianismo foi tão forte que, ao ressurgir a Maçonaria, esta apresentou-se totalmente cristã, obviamente no mundo ocidental, pois no Oriente prosseguia a tradição que cada situação geográfica impunha.

Dos Evangelistas, São João destaca-se pelo fato de ter absorvido, do Divino Mestre toda filosofia do amor. Para o discípulo amado, o seu Evangelho é um cântico de amor.

A alma da Maçonaria é a dedicação que os Irmãos oferecem uns aos outros. O amor fraterno é a luz que ilumina a Loja, e por isso São João passou a ser considerado o patrono da Maçonaria, evidentemente sem o cunho vulgar que as pessoas imprimem aos santos em busca de proteção vinda dos Céus.

João Evangelista era filho do pescador Zebedeu e de Salomé, parenta da mãe de Jesus, irmão mais novo de Tiago Maior.

Natural de Betsaida sobre o lago de Genesaré, exercia na mocidade a profissão de pescador.

Foi discípulo de São João Batista e, após, juntou-se ao Divino Mestre, justamente com André.

No Colégio Apostólico João ocupava o lugar mais saliente depois de Simão Pedro e era o discípulo predileto de Jesus, que, na Cruz, o recomendou a Maria, Sua mãe.

Essa predileção decorre da idade de João, que ainda não atingira a puberdade. Narra o Novo Testamento que, após a crucificação de Jesus, ao perseguirem os discípulos, um soldado romano reconheceu o menino e tentou segurá-lo; João, contudo desvencilhou-se fugindo completamente despido, eis que o soldado retivera em suas mãos o manto; na época, os meninos que ainda não haviam atingido a puberdade enrolavam-se apenas em um manto, enquanto os demais já usavam outras vestes. Esta narrativa vem comprovar que São João Evangelista fora o discípulo menino entre os doze.

Depois da ascensão do Senhor, João permaneceu em Jerusalém até a morte de Maria, pregando o Cristianismo na Judeia e na Samaria; mais tarde, quiçá depois da morte de São Paulo, vivia em Éfeso, onde formou os seus discípulos, entre eles os bispos Pápias de Hierápolis, Inácio de Antióquia e Policarpo de Smirna.

Sob o império de Domiciano foi desterrado para a Ilha de Patmos donde regressou para Éfeso durante o governo de Nerva, vindo a falecer no tempo de Trajano, na idade aproximada de 100 anos.

A tradição atribui o quarto Evangelho e o livro do Apocalipse a São João, posto Santo Irineu tenha deixado escrito:

"Depois destes (isto é, dos três primeiros Evangelistas) também João, discípulo do Senhor, que reclinou sobre o peito dele, editou um Evangelho, quando vivia em Éfeso".

Consoante a tradição antiga, o quarto Evangelho foi escrito depois dos sinópticos. É certo que São João demandou a Ásia só depois da morte de São Paulo, isto no ano 67, e, por outro lado, o Evangelho supõe um apostolado de maior duração entre os cristãos daquela província; assim, teremos de buscar a origem deste documento sacro lá pelo ano 90 do primeiro século.

O Evangelho de São João difere notavelmente dos três primeiros, quer quanto ao conteúdo, quer quanto à forma. Tudo faz supor que São João, ao escrever, já conhecia os três primeiros Evangelhos.

São João especializa-se em descrever a vida de Jesus em Jerusalém e acrescenta vários discursos inexistentes nos demais Evangelhos.

É aqui que se nota a presença da Maçonaria pela dedicação aos assuntos de amor fraternal. Há a presença de múltiplos símbolos e alegorias doutrinárias.

São João escreveu também três Epístolas, a primeira, destinada a alguns hereges; a segunda, à Senhora Eleita e seus Filhos; a terceira, a Gaio.

A tônica das cartas é o canto ao amor fraterno, e a evidência de uma trilogia: Pai, Verbo e Espírito Santo.

O Livro de Apocalipse, todo figurativo e pleno de símbolos, faz acreditar em uma Maçonaria Futura, com seus aspectos evolutivos e sua glória suprema.

*
* *

A Abertura dos Trabalhos

Tendo entrado os Irmãos, fechada a porta, todos permanecem de pé em seus lugares. O Mestre de Cerimônias dá uma batida com o bastão e diz: "Os lugares estão preenchidos, Venerável Mestre".

Aqui temos que observar, inicialmente, o papel importante que desempenha o Mestre de Cerimônias ao distribuir os cargos e os Irmãos, nas Colunas e no Oriente.

Deveria, normalmente, uma Loja ter os cargos ocupados pelos Obreiros eleitos; no entanto, na prática, observamos que nem todo titular frequenta sua Loja com assiduidade, de modo que, sempre, existirão lugares vagos para ser preenchidos. Esta tarefa é executada pelo Mestre de Cerimônias.

Sendo a Loja simbolicamente a representação do próprio Universo, cada cargo terá, por sua vez, uma destinação dentro do Universo. Quando é aberta a porta do Templo e os Irmãos penetram desordenadamente[44] na Loja, isto simboliza o Caos, que será ordenado facilmente pelo Mestre de Cerimônias que se reveste, simbolicamente, de uma atividade criadora. Distribuídos os Irmãos, ocupados os cargos, normalizou-se a Loja e os trabalhos poderão começar.

Observamos, neste ponto, que se por acaso o titular de um cargo comparece com atraso após a abertura dos trabalhos e do preenchimento dos cargos, o Mestre de Cerimônias não poderá conduzi-lo ao seu lugar e substituir o Irmão anteriormente convidado a ocupar o cargo, sob pena de se criar uma desordem, que daria origem ao caos. O Irmão titular deverá ocupar um lugar comum, sem cargo.

---

44. Sem observar nenhuma ordem hierárquica.

Referimos anteriormente que os Irmãos são colocados nas Colunas[45] e no Oriente.

É costume, também, que os ex-Veneráveis ou *Past-Masters*[46] ocupem o Oriente.

O Venerável Mestre determina que os presentes se sentem e passa a inquirir o Primeiro Vigilante: "Qual é o primeiro dos vossos deveres?"

Somente o Primeiro Vigilante tem deveres a cumprir dentro da Loja. É a parte executiva da própria Venerança, que é tríplice.

O primeiro dever é a verificação de o Templo encontrar-se coberto.

Cobertura não significa exclusivamente fechamento; um Templo com a porta fechada não estará, necessariamente, coberto.

Cobertura, aqui, tem significado esotérico; diz respeito à presença do Grande Arquiteto do Universo. Esta presença é notada pelo Primeiro Vigilante, que possui, por força de seu cargo, o dom de ver em cada Obreiro ou Vigilante a presença espiritual de Deus.

Quando o Primeiro Vigilante responde ao Venerável Mestre sobre o seu primeiro dever, recebe a seguinte resposta: "Certificai-vos disto, meu Irmão".

Em quase todas as Lojas, notamos que o Primeiro Vigilante cumpre apenas parcialmente a ordem recebida e, afoitamente, dirige-se ao Guarda da Templo para que este faça a verificação sobre se a Porta do Templo está fechada e se, de lado oposto, encontra-se no seu lugar o Cobridor.[47]

A verificação deve ser feita pelo Primeiro Vigilante e não pelo Guarda do Templo; este, apenas, assegurar-se-á com relação à Porta.

O Primeiro Vigilante investe-se espiritualmente do poder de transmitir aos demais Irmãos toda a sua força,[48] equilibrando, assim, a Loja; todos estarão aptos para receber as benesses do Grande Geômetra.[49] O Guarda do Templo percebe o equilíbrio

---

45. Norte e Sul.
46. Palavra Inglesa — "Mestre que passou".
47. Cobridor externo, ou Guarda externo, que fica na Sala dos Passos Perdidos ou no Átrio.
48. O Primeiro Vigilante está colocado na Coluna do Norte, a da "Força".

e após verificar se realmente ninguém perturbará os trabalhos, e também para propiciar ao Cobridor o recebimento da força emanada do Primeiro Vigilante, anunciará: "O Templo está coberto".

A seguir, o Venerável Mestre perguntará ao Primeiro Vigilante sobre o seu segundo dever.

O segundo dever será a verificação para constatar "se todos os presentes são maçons".

Ora, obviamente, todos aqueles que ingressaram no Templo, são maçons, eis que o Mestre de Cerimônias isto comprovara, auxiliado pelo Cobridor e pelo Guarda do Templo.

Nenhum profano[50] é admitido às reuniões maçônicas, por serem elas privativas dos membros de cada Loja.

Qual, então, a finalidade da verificação determinada pelo Venerável Mestre, como segundo dever?

Somente após certificada a cobertura da Loja, a plena harmonia de forças espirituais, é que o Obreiro presente poderá externar a sua qualidade de maçom.

Portanto, ser maçom não significa simplesmente ser membro de uma Loja Maçônica, mas sim um estado do espírito tão pronunciado, capaz de ser percebido pela sensibilidade do Primeiro Vigilante.

Existem Lojas que cultivam a tradição de eleger para Venerável Mestre sempre o Irmão que ocupava o cargo de Primeiro Vigilante, por ser esse membro o mais capacitado para substituir o dirigente máximo da Loja; também, em caso de impedimento ou ausência do Venerável Mestre, seu substituto será o Primeiro Vigilante.[51]

A verificação é feita estando todos os Irmãos que ocupam as Colunas "de pé e à ordem", posição litúrgica e máxima dentro de uma Loja.

O Primeiro Vigilante dirigirá o seu olhar para cada Irmão e estes, por sua vez, deverão fixar os seus olhares no Primeiro Vigilante, em uma linguagem muda, telepática. Neste momento é que o maçom faz, de forma esotérica, os Sinais Secretos, dá a Palavra de Passe e Toque.

---

49. Grande Arquiteto do Universo.
50. Estranho.
51. Como ordena o Landmark nº 10.

Não se deve confundir os sinais físicos, materializados, que o Ritual fornece, com os verdadeiros elementos de mútuo reconhecimento espiritual e esotérico.

O Primeiro Vigilante dá uma resposta convencional, dizendo que os presentes, pelo sinal que fazem, são maçons.

Esta cerimônia inicial[52] deve ser executada lentamente, pois há necessidade de que o Primeiro Vigilante observe cada um dos Obreiros presentes.

No Grau terceiro, o de Mestre Maçom, o Primeiro Vigilante, para fazer o "reconhecimento", sai do seu Trono, percorre o recinto e defronta-se com cada Irmão, olhando de perto os seus olhos, certificando-se assim de que, realmente, está diante de um maçom. Tanto no Grau Primeiro, em sua fase inicial, como no Grau Terceiro, o ambiente é escuro; há forte penumbra que impede o Primeiro Vigilante de ver o Irmão.[53]

A tarefa do Primeiro Vigilante não abarca os Irmãos que se encontram no Oriente. Isto competirá ao Venerável Mestre, que na mesma oportunidade também fará idêntica verificação, pois é revestido dos mesmos poderes que o Primeiro Vigilante.

Cessada a tarefa do PrimeiroVigilante, o Venerável dirigirá a palavra ao Orador, perguntando-lhe o que é necessário para que se possa abrir os trabalhos.[54]

A resposta será de que são necessários sete Irmãos, dos quais três com o Grau de Mestre[55] e que todos se encontrem revestidos de suas insígnias.[56]

Dos sete presentes, quatro poderão ser Aprendizes[57] ou Companheiros[58] ou, intercaladamente, Aprendizes e Companheiros. Sete é o número simbólico e convencional para que uma Loja possa trabalhar: o Venerável Mestre e os dois Vigilantes deverão ser, imperiosamente, Mestres. O Guarda do Templo, o Mestre de Cerimônias e os dois Diáconos é que poderão ser Aprendizes ou Companheiros.

---

52. E "iniciática".
53. Este antigo costume encontra-se em desuso.
54. Este diálogo é utilizado no Ritual das Grandes Lojas e inexiste no Ritual da G.O.B.
55. Grau 3 do Rito.
56. Aventais e Joias.
57. Grau 1 do Rito.
58. Grau 2 do Rito.

Nesse caso, tanto os Aprendizes como os Companheiros não poderão subir ao Oriente.

O Secretário fornecerá o número de Obreiros presentes; obviamente, caso haja mais de sete Irmãos, pois, caso contrário, inexistirá Secretário, como também Orador; caberá então ao Mestre de Cerimônias informar ao Venerável Mestre.

Mas por que esta pergunta? Porque a verificação não é feita pelo próprio Venerável Mestre.

Porque nesta fase o Templo encontra-se na penumbra.

Aqui, caberá a pergunta: como faz o Primeiro Vigilante, então, para observar, no início dos Trabalhos, se todos os presentes são maçons se não os enxerga?

É que o Primeiro Vigilante "vê" a luz espiritual[59] por meio de sua "terceira visão",[60] sendo desnecessária a luz artificial. Após, o Venerável Mestre pergunta ao Mestre de Cerimônias se a Loja está completa[61] e este responde afirmativamente e esclarece como ressalva: "conforme o uso da Loja".

Cada Loja tem a Liberdade de interpretar o Ritual como julgar mais certo, conservando tradições ou tentando aperfeiçoar o que poderia ser ultrapassado ou obsoleto em face da natural evolução do Universo.

Trata-se de interpretar e não criar ou inovar o Ritual, que é imutável, seguindo a tradição que é um dos costumes mais apreciados pelos maçons.

O Venerável Mestre dirige então a sua palavra ao Segundo Diácono, que se encontra à direita do altar[62] do Primeiro Vigilante.

O Segundo Diácono responde que lá se encontra para executar as ordens do Primeiro Vigilante e velar para que os Obreiros que ocupam as Colunas mantenham-se em respeito, disciplina e ordem.

Ao Primeiro Diácono, o Venerável Mestre faz idêntica pergunta, e este, que está sentado à direita e abaixo do sólio[63] do Trono do Venerável Mestre, responde que lá está para transmitir as suas

---

59. Aura, ou corpo espiritual.
60. *Vide* o capítulo sobre a Cadeia de União.
61. Cada grupo devidamente ocupado.
62. Trono do Primeiro Vigilante.
63. Trono do Venerável Mestre.

ordens ao Primeiro Vigilante, às Dignidades[64] e aos Oficiais,[65] para que os trabalhos sejam executados com ordem e perfeição.

Ordem e perfeição, vocábulos considerados quase sinônimos; a ordem maçônica, porém, tem diverso entendimento. A própria Instituição Maçônica é denominada de Ordem Maçônica, porque não se poderá conceber Maçonaria isolada de um Ritual e este, sempre, deverá ser desenvolvido cronológica e metodicamente, com perfeição.

A Perfeição constitui um dos "dogmas"[66] fielmente observados, em face do reconhecimento de que o Grande Arquiteto de Universo é, realmente, "Justo e Perfeito".

A missão dos Diáconos não é uniforme, pois ao Segundo Diácono cabe, também, velar para que os Obreiros mantenham-se com respeito, disciplina e ordem.

No Oriente, em face da qualificação dos Obreiros lá instalados, torna-se desnecessária qualquer vigilância; quem deverá manter o respeito, a disciplina e a ordem será o próprio Venerável Mestre.

O trajeto percorrido pelos Diáconos tem suscitado muita polêmica; são os Mensageiros da Paz, que relembram o final do Dilúvio; transmitem a Palavra Sagrada e todo recado "confidencial"[67] entre o Venerável Mestre e os Vigilantes.

O Segundo Vigilante informa ao Venerável Mestre que está ocupando o Trono, na Coluna do Sul, com três atribuições específicas:

1ª — Para melhor observar o Sol no Meridiano; logo, quando o Sol se encontra na vertical, ou ao meio-dia;[68] está colocado estrategicamente, com a finalidade de observar o Sol no trajeto da Coluna do Norte à Coluna do Sul até o seu ocaso. É o trabalho diurno, iluminado pelo Astro-Rei.

2ª — Chamar os Obreiros para o trabalho; o trabalho maçônico é iniciado ao meio-dia; são 12 horas de trabalho, com uma interrupção apenas; chamar para o trabalho não diz respeito, apenas, a

---

64. Visitantes e autoridades maçônicas.
65. Ocupantes de cargos.
66. No sentido figurado, pois a Maçonaria não possui dogmas.
67. Sigiloso.
68. Marca o início dos trabalhos em Loja.

indicar a hora, mas sim executar o plano que foi engendrado pelas Luzes[69] nas seis horas anteriores.

3ª — Para que os trabalhos prossigam com ordem e exatidão; ordem, como foi dito, diz respeito ao desenvolvimento do Ritual; exatidão, com o que foi antecipadamente planejado, nenhum trabalho maçônico é improvisado; os trabalhos, posto com interrupções óbvias, jamais cessam entre uma reunião e outra. O trabalho da Maçonaria é permanente, pois, enquanto houver ódio, dor, infelicidade, indiferença e desamor entre os homens, a Ordem Maçônica subsistirá; no dia em que houver paz no mundo, amor fraternal e felicidade, a Maçonaria cessará o seu trabalho.

O Primeiro Vigilante informa ao Venerável Mestre a sua tarefa, comparando-a com o ocaso do Sol, aludindo alegoricamente que o Sol oculta-se no Ocidente mas não desaparece; surge com a nova Aurora de um novo dia. Três são as obrigações do Primeiro Vigilante:

1ª — Fechar a Loja. Cabe ao Primeiro Vigilante fechar a Loja, ou seja, declarar encerrados os trabalhos, após os trabalhos litúrgicos. Fecha a Loja, mas não encerra os trabalhos maçônicos; cada Obreiro, ao se retirar, e até a próxima reunião, executará no meio ambiente em que atua tudo o que lhe foi ensinado, transmitindo os benefícios hauridos durante sua permanência em Loja.

2ª — Pagar os Obreiros. Todo aquele que trabalha faz jus ao seu salário; isto é um princípio jurídico que nos vem dos Evangelhos; as Constituições da maioria dos países repetem a tradição milenar. Portanto, se os Obreiros executam trabalho dentro da Loja, que também é Oficina, deverão receber o seu salário.

Salário é retribuição e não prêmio. Em linguagem maçônica, "aumento de salário" significa aumento de Grau. Assim, o Aprendiz, após cumprido o seu tempo de serviço, receberá em retribuição, como aumento, o Grau de Companheiro; este, o de Mestre.

O Salário, porém, no sentido esotérico, será a evolução que o Obreiro obtém pelo seu esforço, os benefícios conquistados no contato com seus Superiores Hierárquicos.

---

69. Venerável Mestre e Vigilantes.

3ª — Despedir os Obreiros. Não basta uma despedida no sentido de retirada do Templo, mas torna-se necessário que os Obreiros se retirem contentes e satisfeitos.[70]

É evidente que os Obreiros manifestam esse estado de espírito, e o fazem na forma convencionada no Ritual.

Além da manifestação dos Obreiros, o Primeiro Vigilante tem a faculdade de, no decorrer dos trabalhos, observar, realmente, se a sessão foi proveitosa para os Irmãos.

É compreensível que dentro de um grupo grande de Obreiros nem todos tenham, durante os trabalhos, obtido o salário desejado, de acordo com os seus anseios e necessidades.

Será então, por ocasião da formação da Cadeia de União, que o Venerável Mestre distribuirá equitativamente os salários, para que o pagamento possa ser justo e perfeito.[71] O Venerável Mestre é quem abre a Loja, pois a sua posição tem como alegoria o nascer do Sol; o Venerável Mestre acompanha a Aurora até que o Sol esteja no Meridiano.

O Venerável Mestre dirige a Loja e esclarece os Obreiros com sua Sabedoria;[72] ele é o intérprete nos assuntos da Sublime Instituição.[73]

Ao Orador compete interpretar a parte legal no aspecto administrativo: interpreta a Constituição, o Regulamento Geral, o Regimento Interno e demais atos administrativos.

Quem interpreta o Ritual é o Venerável Mestre.

O Primeiro Vigilante ainda apresenta à Loja os princípios fundamentais da Maçonaria.

O combate à tirania, à ignorância, aos preconceitos e aos erros; a glorificação do Direito, da Justiça e da Verdade; a promoção do bem-estar da Pátria e da Humanidade; o erguimento de Templos à Virtude e abertura de[74] masmorras ao Vício.

Combater a tirania diz respeito à parte política dos trabalhos; política filosófica, e não partidária; embora o Ritual provenha de uma época em que os governos tiranos eram um lugar-comum, hoje, ainda, encontram-se em certas nações governos despóticos; não cabe ao maçom imiscuir-se em assuntos de pátrias alheias, mas

---

70. Numa renovação espiritual.
71. *Vide* capítulo "Cadeia de União".
72. O Venerável Mestre representa o rei Salomão.
73. A Ordem Maçônica.
74. Sinônimo de construir subterrâneos.

tãosomente velar para que no lugar onde vive não haja tirania; a principal preocupação do maçom dentro de um governo despótico é o bani-mento da Maçonaria, posto todo governo despótico tenha duração li-mitada, e a Maçonaria retorna com maior potência e vigor.

A ignorância diz respeito à educação do povo; é dever do maçom combater a ignorância e participar nos movimentos de alfabetização,[75] embora seja um trabalho a ser feito fora de Loja.

Os preconceitos são uma outra questão e, com a evolução natural, eles aumentam ainda mais; o racismo é uma forma de preconceito, mas há outros dentro da "evolução" moderna, tais como o preconceito contra a liberdade[76] dos costumes, contra a libertação da mulher, contra a liberdade da criatividade artística e outros.

O combate ao vício é o regulador da liberdade do sexo e dos costumes; a Maçonaria luta pela libertação dos preconceitos, porém dentro dos limites de seus princípios.

Direito, Justiça e Verdade são sinônimos, com nuanças e variações; glorificar o Direito, a Justiça e a Verdade é dar maior ênfase às boas qualidades e ações.

No terreno social, a Maçonaria promove o bem-estar da Pátria[77] e da Humanidade; é curial que o maçom acompanhe o desenvolvimento da Humanidade e dê sua opinião e sua contribuição quando participe de congressos ou atividades profissionais, ou mesmo externando sua opinião pela Imprensa.

O erguimento de Templos à Virtude é o coroamento da obra maçônica; o verdadeiro Templo à Virtude é o homem.

Quem dá a definição do que seja a Maçonaria é o Chanceler.[78] As definições são sempre omissas ou supérfluas; cada autor terá a sua própria definição; cada país apresenta a que julgar ser melhor; mas sempre será necessário possuir uma convencional. A do Ritual é a seguinte:

"Uma Instituição que tem por objetivo tornar feliz a Humanidade pelo amor, pelo aperfeiçoamento dos costumes,

---
75. No Brasil, onde ainda há este problema social.
76. Não confundir com libertinagem.
77. Ou bem-estar do povo.
78. Chanceler, um dos Oficiais, que recebe o *"ne varietur"* dos Obreiros, sela os documentos, registra a presença dos Vigilantes. No G.O.B. não há esta "fala" do Chanceler.

pela tolerância, pela igualdade e pelo respeito à Autoridade e à Religião".

Por ser apenas uma definição, pode conter contradições e omissões; por exemplo: a que Autoridade e a que Religião refere-se a definição? Ou o amor, o aperfeiçoamento dos costumes, a igualdade, a tolerância e o respeito à autoridade e à religião tornam feliz a Humanidade?

A Maçonaria não é regional, mas Universal, no sentido internacional, e as suas Oficinas[79] espalham-se por todos os recantos da Terra, sem nenhuma preocupação quanto às raças e fronteiras.

Posto isso, as Oficinas tendem ao regionalismo, eis que os próprios Rituais seguem as tradições peculiares a cada região, aos costumes e influências sociais, geográficas e étnicas.

A Maçonaria brasileira difere totalmente das demais Instituições; os Rituais[80] são periodicamente revisados, em face da plena autonomia das Grandes Lojas.[81]

O Rito Escocês Antigo e Aceito possui 33 Graus, sendo os três primeiros denominados simbólicos, possuindo o Supremo Conselho sede na cidade do Rio de Janeiro.

Porém, esses três primeiros Graus simbólicos, retirados do mesmo Rito, foram entregues às Grandes Lojas, que os rebatizaram com o nome de Maçons Antigos, Livres e Aceitos, acrescentando o vocábulo Livres.

Trata-se de uma "anomalia" que necessita ser urgentemente corrigida,[82] retornando os denominados Graus Simbólicos à sua origem e rigidamente fiscalizados pelo Supremo Conselho do Rito, que é Universal.

Portanto, temos para os denominados Graus Filosóficos 33 Graus, que na realidade são 30; e para os denominados simbólicos, três que não pertencem ao mesmo Rito!

---

79. Lojas.
80. Guardando a essência de origem.
81. E Grandes Orientes, Estaduais e Nacionais.
82. Opinião do Autor.

Hoje não há, realmente, grande preocupação quanto às raças; sobre as fronteiras; a prática nos demonstra que os governos tendem a unificar os limites geográficos.[83]

Quando os Diáconos cumpriram a sua missão de transmitir a Palavra Sagrada aos Vigilantes, o Segundo Vigilante soa o tímpano e diz: Tudo está Justo e Perfeito!

É o momento sublime do ato litúrgico que precede a abertura dos Trabalhos.

Há paz dentro da Loja; os Obreiros encontram-se no estado de pureza que precede o recebimento da Luz.[84]

Justo e Perfeito equivale a dizer: "Há plena harmonia". A Criação teve o seu final glorioso; os seres começam a sua existência na face da Terra e do próprio Universo.

Deus é Justiça e a sua Criação Perfeita.

O Venerável Mestre anuncia que a Loja encontra-se regularmente constituída[85] e invoca o auxílio do Grande Arquiteto do Universo.

A abertura da Loja obedece, rigorosamente, ao que prescreve o Ritual e divide-se em seis partes:

O Mestre de Cerimônias conduz o ex-Venerável Mestre[86] ou o Orador ou o Experto até o Altar dos Juramentos.

Chegados entre as Colunas, precedidos que foram pelos Diá-conos que se colocam nas extremidades do Pavimento de Mosaicos, iniciam a marcha.

Quando o Oficiante[87] para defronte do Altar, os Diáconos e o Mestre de Cerimônias erguem as suas férulas[88] formando uma abóbada, entrelaçando os bastões.

O Oficiante faz a saudação e abre o Livro da Lei na parte apropriada, fazendo em voz alta a leitura, sobrepondo entrelaçados o Esquadro e o Compasso. Retrocede um passo e renova a saudação.

---

83. Mercado Comum Europeu, Alalc, etc.
84. A presença do Grande Arquiteto do Universo.
85. Todos os cargos preenchidos.
86. *Past-Master*.
87. O ex-Venerável, ou o Experto.
88. Nas Grandes Lojas.

O Venerável Mestre, então, precede à abertura da Loja, proferindo palavras convencionais do Ritual.

Acendem-se todas as luzes da Loja e o Primeiro Vigilante levanta a coluneta[89] de seu Altar e o Segundo Vigilante abaixa a do seu.

Essas colunas em miniatura têm o seu simbolismo ao se abrirem os trabalhos e no encerramento.

A coluneta do Primeiro Vigilante obedece à ordem Dórica, que se origina do Egito; da Dórica, por ser a ordem por excelência, emanam todas as outras,[90] tendo os gregos empregado essa coluna na maior parte dos seus monumentos.

A coluna Dórica, pela sua robustez, representa o próprio Primeiro Vigilante, que é Força.[91]

A Força ordena e dirige, mas obedece à orientação da Sabedoria.

A coluneta do Segundo Vigilante é da ordem Coríntia, coluna esbelta e graciosa; é a representação da beleza feminina e representa Vênus, relembrando Abiff, que deu graça à construção do Templo de Salomão.

O Primeiro Vigilante, ao se iniciarem os trabalhos após a leitura do Livro Sagrado, levanta a sua coluneta, que se encontra deitada e inerte sobre seu altar. Isto indica a supremacia de um princípio sobre um outro, durante os trabalhos, revelando que os trabalhos tomam força e vigor.

O Segundo Vigilante, ao contrário, iniciando-se os trabalhos, abaixa a sua coluneta, significando submissão, como a beleza, que é feminina, submete-se à força, que é masculina.

Em seguida, o Venerável Mestre convoca os presentes a acom-panhá-lo "pelo sinal, pela bateria e pela aclamação".

O sinal[92] é o referido no Ritual e a aclamação é feita pela repetição tríplice da palavra: Huzzé.

*

* *

---

89. Nas Grandes Lojas.
90. Coríntia, Toscana, Compósita, Ática ou quadrada, Gótica, Rostrada, Abalaustrada, Ligada, Salomônica, Isolada.
91. Representa Hércules e recorda Hiram.
92. Sinal sigiloso e convencional.

A Palavra Huzzé

A palavra Huzzé tem origem hebraica, embora em árabe seja pronunciada "Huzzá".
Em árabe: Força e Vigor.

> "Tornou Davi a ajuntar todos os escolhidos de Israel, em número de trinta mil. Levantou-se e partiu com todo o povo que estava com ele de Baalim de Judá, para fazerem subir de lá a Arca de Deus, sobre a qual é invocado o nome de Jeová dos Exércitos, que se assenta sobre os querubins. Colocaram a Arca de Deus sobre um carro novo, e levaram-na da casa de Abinadab, que estava sobre o outeiro; "Huzzá"[93] e Ahio, filhos de Abinadab, guiavam o carro novo. Levaram-no com a Arca de Deus, da casa de Abinadab, o Ahio ia adiante da Arca.
>
> Davi e toda a casa de Israel dançavam diante de Jeová com todas as suas forças, com cânticos, e ao som de harpas e saltérios, e tambores, e pandeiros e címbalos.
>
> Quando chegaram à eira de Nacon, lançou Huzzá a mão à Arca de Deus e pegou nela, porque os bois tropeçaram.
>
> A ira de Jeová se acendeu contra Huzzá, e Deus o feriu ali pela Sua temeridade. Huzzá ali morreu junto à Arca de Deus".[94]

Esse episódio, que entristeceu Davi, certamente foi relevante, eis que ele batizou o local de Perez-Huzzá.

---

93. Vem também escrito: "Uzzah".
94. Livro 2 — Samuel, cap. 6.

No livro *Eram os Deuses Astronautas?*, o autor[95] aventa a probabilidade de a Arca de Deus ter sido uma pilha, quiçá atômica; daí, Huzzá ter sido "fulminado" por uma descarga elétrica.

Não há, propriamente, uma razão plausível de ser invocado o nome de Huzzá como aclamação maçônica para o 1º Grau; apenas a referência ao seu nome pela semelhança do som e pela sua origem.

Para os antigos árabes,[96] Huzzá era o nome dado a uma espécie de acácia consagrada ao Sol, como símbolo da imortalidade, e sua tradução significa Força e Vigor, palavras simbólicas que fazem parte da tríplice saudação feita na Cadeia de União: Saúde, Força e Vigor.

A nossa literatura maçônica é pobre sobre a descrição e significação da aclamação. No Pequeno Vademecum Maçônico do Irmão Ech lemos: "Houzé — grito de alegria dos maçons do Rito Escocês".

No Dicionário de Maçonaria de Joaquim Gervásio de Figueiredo, lemos: "Huzé — Grito de aclamação do maçom escocês".

Outras referências inexistem.

O Ritual Maçônico contém várias expressões cujo significado é esotérico, isto é, palavras que nos parecem estranhas, às quais pretendemos dar significado filológico, quando a sua importância deriva do "som" que emanam ao serem pronunciadas.

Huzzé é formada de duas sílabas, e, por constituir uma aclamação, é pronunciada com voz forte, para purificar o ser.

As vibrações que se formam pelas vozes de muitos atingem a todos, propiciando os benefícios necessários para aquela ocasião.

A aclamação Huzzé é feita apenas duas vezes em cada reunião, por ocasião da abertura dos trabalhos e por ocasião do encerramento.

A aclamação Huzzé só é feita após o sinal gutural e a bateria do Grau.

---

95. Erich von Däniken.
96. Origem mais aceitável.

A "Bateria"

O bater das palmas poderá significar mero aplauso, como também um ato eminentemente místico, na magia misteriosa da liturgia maçônica.

O aplauso é feito com o bater das palmas, sendo acompanhado pelas Luzes, com o bater dos Malhetes sobre os respectivos Altares.

Há Bateria comum e incessante; há Bateria compassada, segundo o Grau em que a Loja estiver trabalhando, evidentemente, composta de três pancadas, no Grau primeiro.

Contudo, nos dois momentos em que o Venerável concita a tríplice ação: "Pelo Sinal, pela Bateria e pela Aclamação", essa Bateria terá significado litúrgico.

Bateria e aplauso diferem; se o aplauso é isolado, não vem acompanhado do Sinal e nem da Aclamação.

A Bateria no Grau Primeiro é constituída de três batidas com as palmas das mãos, estando o Aprendiz de Pé e à Ordem.

Desfeito o sinal, de forma uníssona, todos, sem exceção, batem as palmas das mãos, por três vezes.

Forma-se um deslocamento de ar que produz um SOM forte, que abafa qualquer outro som existente na Loja.

Este som tem a finalidade de neutralizar todas as vibrações negativas, iniciando um novo aspecto, limpo de qualquer impureza.

A mão direita ao encontrar-se com a mão esquerda, ou seja, a parte positiva com a negativa, produz o choque, assim como se dois fios condutores de eletricidade se juntassem.

Este choque uniformiza todas as vibrações de forma violenta. É a harmonização de emergência, muito diferente daquela produzida dentro da Cadeia de União.

O som forte destrói os pensamentos negativos e as influências inconvenientes trazidas pelos problemas de cada Membro da Loja.

Assim, a Bateria deve ser executada em plena consciência, devendo os Veneráveis Mestres esclarecer a todos os Membros do Quadro da sua importância, procurando conscientizar a todos que ao baterem as palmas de suas mãos estarão precedendo a uma *"limpeza"* de suas vibrações, apresentando-se capazes para beneficiar a todos.

Com o pensamento *"positivo"*, com a *"postura"* correta, com o som que suas palmas produzirão, mais um ato de magia maçônica será executado dentro do misticismo da liturgia maçônica.

O Oficiante, o Mestre de Cerimônias e os Diáconos retornam aos seus lugares. O Primeiro Diácono, de passagem ao regressar, abre o Painel da Loja.

O Painel é a terceira Joia fixa e varia de conformidade com os Ritos. Geralmente, é pintado ou bordado e é colocado no centro do Pavimento de Mosaico, ou defronte ao Ara,[97] em lugar visível, porque contém todos os símbolos maçônicos do 1º Grau.

Tempos houve em que o Painel era desenhado no local, no chão,[98] no momento da abertura da Loja, e apagado ao término dos trabalhos, ou na Prancheta.

Os Rituais mais antigos referem que o Primeiro Diácono devia desenrolar o Painel; isto sugere que o Painel era confeccionado na forma de rolo, aliás como são os Livros Sagrados judaicos.

Entre os símbolos registrados no Painel há o da Escada de Jacó, cuja origem vem referida no Livro do Gênesis:[99]

> "Jacó partiu de Bersabeia e foi para Harã. Tendo chegado a um certo lugar, ali passou a noite, porque o Sol já havia se posto. Tomando uma das pedras do lugar e pondo-a debaixo de sua cabeça, deitou-se naquele lugar para dormir. Sonhou, e eis posta sobre a Terra uma Escada, cujo topo chegava aos Céus e os Anjos de Deus subiam e desciam por ela.

---

97. Altar dos Juramentos.
98. Com giz. Prancheta, espécie de quadro negro em miniatura.
99. O Primeiro Livro da História Sagrada — Cap. 28, vers. 10-13.

Perto dele estava Jeová, que disse:
'EU sou o Senhor, O Deus de teu pai Abraão, e Deus de Isaac.

A Terra em que estás deitado, a darei a ti e à tua posteridade; a tua posteridade será como o pó da terra, e te dilatarás para o Ocidente e para o Oriente, para o Norte e para o Sul. Por ti e por tua descendência serão benditas todas as famílias da Terra.

Eis que estou contigo e te guardarei por onde quer que fores e te reconduzirei para esta terra; por que não te abandonarei até ter EU cumprido aquilo de que te hei falado'.

Despertado Jacó do seu sono, disse: 'Na verdade Jeová está neste lugar; e eu não o sabia'. E, temendo, disse: 'Quão terrível[100] é este lugar, este não é outro lugar senão a casa de Deus, e também a porta do Céu'".

Variadas são as interpretações do sonho de Jacó e, especialmente, sobre o significado da Escada. A mais comum é a de que cada degrau simboliza o esforço que ao maçom cumpre executar para ascender até a Perfeição: etapas vencidas e iniciações ganhas. Os degraus simbolizam os diverso planos do Universo. No Rito Escocês Antigo e Aceito, a Escada teria 33 degraus, correspondendo cada degrau a um Grau Maçônico.

Contudo, a Escada de Jacó deve ser interpretada em harmonia com o sonho.

Sonhos, visões, manifestações, são expressões usadas na História Sagrada[101] de maneira muito confusa. As visões são colocadas para os jovens; os sonhos, para os velhos.

Porém, parece-nos válido que já tivesse tido uma visão e não um simples sonho.

A pedra que Jacó escolheu para travesseiro obviamente tinha outro destino: servir de pedra angular para a construção do Templo.

A Maçonaria dá muita ênfase à Pedra, pois o maçom é cognominado de Pedreiro Livre, e há necessidade que desbaste a Pedra Bruta e que, depois, a burile, criando a obra perfeita.

---

100. No sentido de fantástico.
101. No Velho e no Novo Testamento.

Jesus, o Cristo, aludiu à *Pedra* como símbolo de negação e pobreza: "O Filho do Homem não possui uma Pedra para reclinar a cabeça".

A Escada que Jacó vira estava posta sobre a Terra, e seu topo chegava aos céus.

Portanto, seus degraus deviam ser em número infinito; Céus, aqui, não representavam o Firmamento, mas sim o Reino de Deus, pois Anjos subiam e desciam pela Escada.

A classificação dos Seres Alados Celestiais, comumente chamados Anjos, obedece a uma hierarquia: anjos, arcanjos, serafins, querubins, tronos, potestades e dominações; cada um com sua cor característica e atuando em planos diferentes.

Jacó, porém, descreve apenas a existência de anjos.

Os anjos subiam e desciam pela Escada.

Não descreve Jacó o formato da Escada; nós a conhecemos da forma mais inexpressiva possível: uma escada comum, como a desenhada no Painel da Loja. Duas hastes longas, unidas por pequenas travessas postas equidistantes umas das outras.

Porém, cremos que a Escada deveria ter sido monumental, digna de servir para o passeio dos anjos; imensa, gloriosamente luminosa, se comparada com a descrição da Jerusalém Eterna.[102]

Não atinamos o porquê de se dever colocar o Aprendiz a subir e descer por essa Escada da visão de Jacó!

Se para galgar um degrau o maçom necessita de esforço, dedicação, zelo e pertinácia, por que deveria, também, descer os mesmos degraus, assim como o faziam os anjos?

Portanto, a interpretação do símbolo Escada deverá ser outra: o elo entre os dois reinos: o de Deus e o dos Homens; o marco inicial para a construção de um Templo; e principalmente a promessa feita por Deus a Jacó de que jamais nos abandonaria.

Em alguns Painéis colocam-se, no topo da Escada, a Estrela de Sete Pontas e três emblemas: uma Cruz, uma Âncora e um Cálice.

Desses emblemas, atualmente se conserva apenas o Cálice.[103]

Para cada Grau, há um Painel diverso, com os símbolos pró-prios do Grau.[104]

---

102. Apocalipse, 21:9-27.
103. Taça Sagrada ou Taça dos Juramentos.
104. O presente Livro diz respeito apenas ao Grau 1º, ou seja, do Aprendiz.

A Parte Administrativa

Encerrada a cerimônia de abertura, a Loja passa ao trabalho administrativo.

A Parte Administrativa, ou Econômica, inicia-se após abertos os trabalhos, com a leitura do Balaústre.[105]

A parte administrativa vem regulamentada pelo Regimento Interno da Loja.

Lido o Balaústre, é aprovado e assinado pelo Venerável Mestre, Orador e Secretário. Se houver emendas a fazer, a palavra é concedida e pela ordem. Primeiro falam os que se encontram na Coluna do Sul, após os da Coluna do Norte e, por fim, os do Oriente; ninguém pode falar sem primeiro solicitar aos Vigilantes a regulamentar permissão.

Finda a leitura e a aprovação do Balaústre, é dada conta do Expediente.

O Expediente é composto por Decretos, Atos, Comunicações, Circulares, Telegramas, Pranchas, etc.

Quem procede à leitura do Expediente é o Secretário, menos os Decretos e Atos, que são lidos pelo Orador, estando os Obreiros de pé e à Ordem. O Venerável Mestre poderá evocar a si a leitura do Expediente.

Sobre o conteúdo do Expediente, também os Obreiros poderão dar a sua opinião; após, o Orador fará as suas conclusões e, sendo necessário, o assunto será posto em votação.[106]

Há Lojas cujo Regimento Interno dispõe que o Expediente, excluídos os Decretos e Atos,[107] fica a cargo da Administração, da Loja, e o Venerável Mestre só dará conta do mesmo nos casos de importância ou interesse geral.

---

105. Ata dos trabalhos da reunião anterior.
106. A aprovação é feita erguendo-se o braço horizontalmente.
107. Os Decretos e Atos são emanados pelo Grão-Mestre.

A terminologia maçônica vem criando no Brasil um verdadeiro estilo literário, pois, se escrito um artigo ou uma crônica com a observância rigorosa dos termos tradicionais maçônicos, nenhum leigo entenderá. Já há nos dicionários maçônicos os esclarecimentos necessários sobre essa terminologia, que se amplia de conformidade com as regiões, tradições e costumes.

Além da terminologia maçônica, há o uso do Triponto.

O uso do Triponto, nas obras impressas, é relativamente moderno, pois foi iniciado com a Circular do Grande Oriente de França, no dia 12 de agosto de 1774, em Paris.

Com o uso, surgiram certas regras[108] para estas abreviações, posto que raramente são observadas, e que são as seguintes:

1 — Quando uma palavra não se confunde com outra, é suficiente o uso de sua inicial. Exemplo I∴ por Irmão; M∴ por Maçom.

2 — Quando uma palavra pode ser confundida com outra, usam-se as duas primeiras letras. Exemplo: Ap∴ por Aprendiz; a letra A∴ poderá significar, Avental, Ara, Altar, etc.

3 — Quando uma inicial causar confusão com outra, emprega-se a inicial isolada para as palavras consagradas pelo uso. Exemplo: M∴ por Mestre; Maç∴ por Maçonaria.

4 — A abreviação de uma frase ocupa, apenas, a primeira letra em maiúscula. Exemplo: G∴ A∴ D∴ U∴ por Grande Arquiteto do Universo.

5 — Quando se deseja escrever uma palavra no plural, dobra-se a primeira letra se esta expressar sozinha uma palavra. Por exemplo: MM∴ por Mestres; no entanto, quando a abreviação contiver mais de uma letra, dobra-se a segunda letra. Por exemplo: App∴ por Aprendizes.

Embora as regras se tenham originado na França, elas adaptam-se ao vernáculo; são muito usadas as palavras e frases latinas e hebraicas, o que vem a criar grande embaraço se escritas com o Triponto.

---

108. Até hoje mantidas inalteradas desde 1774.

O Triponto representa sempre a tríade, a trilogia, a Trindade e também o triângulo, a trigonometria, os trígonos, tripartitos, triunviratos, triarquia, tributo, tricelular, tricípete, tricolor, tricúspide triedro, trifólio, trigo, trigonal, trinurti trinitário, trinômio, trintário, triparti, tripé, tripeça, tríplice, tri-retângulo, Trismegisto, trissecar, trissílabo, triteísmo, trítono, trivial, etc.

O Triponto é o número da Luz, pois cada ponto é estágio do Sol: quando nasce, ao meio-dia e quando se põe.

Os três pontos formam o Delta Luminoso e Sagrado ao som da exclamação tríplice: "Huzzé, Huzzé, Huzzé".

A Trilogia na filosofia maçônica assume relevo pela sua ampla aplicação. Daremos uma sequência de frases formadas por três palavras, algumas convencionais dentro do Ritual, outras de uso mais escasso; são referidas, sem a preocupação de colocá-las em ordem pelo seu valor ou significado:

"Júpiter, Netuno e Plutão; Osíris, Ísis e Tifon; Wotan, Freya e Tor; Huitzlopochtli, Tláloc e Tezcatlipoca; Patrícios, Plebeus e Cavaleiros; Clotho, Lachesis e Atropos; Brahma, Vishnu e Shiva; Odin, Vile e Ve; Pai, Filho e Espírito Santo; Vini, Vidi, Vinci; Terra, Mar e Céu; Moisés, Jesus e Maomé; Melchior, Gaspar e Baltazar; Três Cruzes do Calvário; Fé, Esperança e Caridade; Matéria, Espaço e Movimento; Princípio, Meio e Fim; Memória, Entendimento e Vontade; Eternidade, Infinito e Poder Supremo; Forma, Densidade e Cor; Ponto, Linha e Superfície; Retilíneo, Curvilíneo e Misto; Triângulo, Quadrado e Círculo; Triangular, Quadrangular e Pentagonal; Massa, Espaço e Tempo; Sólido, Líquido e Gasoso; Pintura, Escultura e Arquitetura; Base, Fuste e Capitel; Sol, Dó e Fá; Pensar, Falar e Agir; Inteiros, Quadrados e Mistos; Sabedoria, Força e Beleza; Simples, Justo e Perfeito; Força, Beleza e Candura; Castidade, Pobreza e Obediência; Vedas, Evangelho e Alcorão; Ouro, Incenso e Mirra; Jesus, Dimas e Gestas;[109]

---

109. Dimas, o bom ladrão; Gestas, o mau ladrão.

Razão, Imaginação e Sentimento; Elemental, Celeste e Intelectual; Presente, Passado e Futuro; Corpo, Alma e Mente; Terra, Água e Fogo; Amarelo, Vermelho e Azul; Reto, Agudo e Obtuso; Retângulo, Isósceles e Escaleno; Cubo, Prisma e Pirâmide; Redondo, Cilíndrico e Esférico; Apoio, Resistência e Potência; Animal, Vegetal e Mineral; Dórico, Jônico e Coríntio; Agudo, Médio e Grave; Princípios, Elementos e Resultados; Aritmética, Geometria e Mecânica; Sujeito, Verbo e Complemento; Liberdade, Igualdade e Fraternidade; Aprendiz, Companheiro e Mestre; Saúde, Força e União; Bíblia, Compasso e Esquadro; Infinito, Poder e Eternidade".

Esta relação, contudo, é infinita; temos, no entanto, em face de certa estagnação dos setores intelectuais,[110] a omissão quanto à evolução tecnológica e filosófica; os novos conceitos e as novas nomenclaturas, bem como as novas profissões, ainda não foram carreados para dentro do Ritual, do Regulamento, da Constituição, dos Regimen-tos Internos, das Lições[111] e também dos livros maçônicos, artigos em revistas e jornais maçônicos. Os próprios autores referidos nas lições ritualísticas apresentam-se como ilustres desconhecidos; referem-se a obras totalmente esgotadas e que nem sequer foram traduzidas para o Vernáculo.

Na parte administrativa circula o Saco de Proposições e Informações, onde os Obreiros, por ordem hierárquica, colocam as suas propostas ou as suas informações por escrito. Todo escrito, porém, deverá vir assinado, embora o Venerável Mestre, ao lhe dar leitura, omita o nome.

O Saco de Propostas e Informações é conduzido pelo Mestre de Cerimônias.

Entregue ao Venerável Mestre, este o abre e seleciona o que colheu; na Ordem do dia, será apreciado o seu conteúdo.

---

110. Os encarregados de revisão do Ritual, lições, obras, etc.
111. As Lições contidas no Ritual, ou dadas isoladamente aos Aprendizes.

O Obreiro, ou o Visitante, tem ampla liberdade de entregar a sua Proposta, mensagem, trabalho, enfim, o que queira, mesmo solicitando informações, propondo assuntos a serem debatidos ou sugerindo temas a serem discutidos e mesmo propondo novos candidatos para ingressarem na Loja. Os assuntos inconvenientes, antes de serem dados ao conhecimento da Loja, serão debatidos entre o Venerável Mestre e o apresentante. Caso haja discordância, serão então submetidos a uma comissão, com o parecer do Orador; poderá haver recurso à Autoridade Hierárquica Superior.

Segue-se a Ordem do Dia. Esta é preparada pelas Luzes que se reúnem com antecedência; trata dos assuntos que ficaram pendentes, dos trabalhos que deverão ser apresentados pelos Aprendizes,[112] Oradores inscritos, convidados, temas de estudo, conferências, etc.

A Ordem do Dia é o ponto central da reunião, pois será por meio dela que a Loja crescerá em conhecimento e que realizará o seu programa.[113]

O Venerável Mestre terá de programar sua Ordem do dia para as sessões do mês, imprimindo-as e distribuindo-as, tendo sempre um conferencista convidado, pertencente a outra Loja; os próprios Obreiros participam na confecção do programa mensal ou anual.

---

112. Obrigatoriamente, para aquilatar o seu aprendizado.
113. Todo Venerável Mestre, ao ser empossado, deverá apresentar o programa que desenvolverá durante a sua gestão.

O Encerramento dos Trabalhos

O encerramento dos trabalhos é anunciado pelo Venerável Mestre, anúncio repetido pelos Vigilantes.
Este anúncio tem a finalidade de preparar os Obreiros para a cerimônia final.
Segue a repetição do Ritual de abertura, com a transmissão da Palavra Sagrada[114] pelos Diáconos.
Os Obreiros serão inquiridos sobre se ficaram satisfeitos com os trabalhos, e manifestam o seu contentamento na forma conven-cional.[115]
Poderá, porém, ocorrer que um ou mais Obreiros não façam o sinal de afirmação. Cumprirá então, ao Primeiro Vigilante, comunicar ao Venerável Mestre que nem todos os Obreiros afirmaram o seu contentamento e a sua satisfação.
Anotados os nomes desses Obreiros, estes serão oportunamente procurados, por parte do Venerável Mestre, para ilidir qualquer problema e manter a harmonia dentro da Loja.
Prossegue-se, observando a parte sigilosa do Ritual, conservando-se os Obreiros de Pé e à Ordem.
Esta é a postura do maçom em Loja, havendo sérias divergências a respeito.
A postura maçônica é feita mantendo-se o corpo ereto e formando com os pés, braços e mãos, triângulos; as posturas maçônicas, evidentemente, constituem parte sigilosa do Ritual; o que se poderá revelar diz respeito, tãosomente, à parte fisiológica, pois, como as posturas Yogui, exercem influência sobre o metabolismo e também sobre a psique.

---

114. No encerramento seria mais apropriado dizer do recolhimento da Palavra Sagrada.
115. Nas Grandes Lojas Estaduais.

Dentro do 1º Grau,[116] temos duas posturas principais: uma, conservando-se o Obreiro sentado; a segunda, quando de Pé e à Ordem.

Interpretações há em que o Obreiro mantém a Postura clássica e convencional, com o seu De Pé e à Ordem, enquanto parado; uma vez em movimento, a Postura é desfeita: outros, dão interpretação diversa:[117] uma vez em movimento, desfaz-se o sinal Gutural.[118] Não há, ainda, uma uniformidade a respeito.

Cada Grau[119] tem as suas próprias posturas; a postura[120] é a posição que o maçom assume dentro da Loja: em sua marcha, quando assentado, quando de pé, quando em cerimônia.

A postura do maçom[121] sentado não representa somente uma tradição. Vemos, nos afrescos egípcios, as figuras em posição estranha para nós, os ocidentais. Na Índia, na China e no Japão, as antigas estátuas foram esculpidas e moldadas em posições exóticas. Quando um hindu senta e pratica "ioga", o faz na posição chamada de "padmásana", ou "flor de Lótus", pois imita essa flor sagrada.

A posição do corpo faz com que o maçom recarregue as suas "baterias" mental e fisicamente.

O sentar-se inconvenientemente durante os trabalhos maçônicos, sem observar rigorosamente as posturas do Ritual, poderá acarretar prejuízos, tanto físicos como espirituais, a si e aos demais.

O pensamento iníquo pode causar sério abalo na saúde do corpo; forjando, intencionalmente, pensamentos justos, a saúde abalada pode ser restabelecida.

Se durante uma Cadeia de União[122] o Obreiro não mantiver correta a posição ritualística, não haverá harmonia. Os elos serão díspares e o resultado neutro.

Fazendo-se o sinal Gutural de modo imperfeito (como sói acontecer) a tireoide não será beneficiada, a paixão e a emoção não serão controladas e o equilíbrio ficará abalado.

---

116. Grau de Aprendiz.
117. É a que o Autor, julga s.m.j., acertada.
118. Postura feita com a mão, senão um sinal sigiloso.
119. *Vide* o capítulo "As Posturas", da obra do mesmo Autor: *Introdução à Maçonaria*, volume 3.
120. Fato já referido anteriormente.
121. Maçom com final "m", eis que muitos autores o escrevem com final "n".
122. *Vide* obra do mesmo Autor: *A Cadeia de União*.

Todos nós possuímos uma força vital a serviço de nossa saúde, inteligência e espiritualidade. Quem souber dirigir corretamente essa força, estimulando ao máximo a seu livre fluir, obterá grandes benefícios. As posturas maçônicas são destinadas a esse estímulo.

O maçom que assiste a uma reunião, por mais longa que seja, mantendo-se corretamente nas posturas ritualísticas, sairá da Loja aparentemente cansado, mas o aparente esforço físico transformar-se-á em verdadeiro relaxamento muscular, e notará no dia seguinte, uma grande disposição para as suas atividades costumeiras.

Porém, se permanecer defeituosamente posto nas reuniões, sentir-se-á realmente esgotado e sairá da Loja com a impressão de que a reunião foi maçante e sem interesse.

A Maçonaria, como conjunto de atividades científicas, não teria introduzido para seus Obreiros as Posturas como atitude meramente estética ou mística.

Tudo tem razão de ser. Se um objeto, por mais simples que seja, tem um significado simbólico para completar o conjunto na Instituição, a postura, evidentemente, é o resultado de um estudo profundo e plenamente aprovado.

"O homem é o espírito vestido de carne". Nele refletem-se as leis, tanto do espírito como do corpo. O fluxo de energia vital manifesta-se no gênio humano — desde o Eu absoluto, espiritual, até o plano material, o corpo — em todos os níveis. A energia que se manifesta no plano espiritual mais próximo do Eu é positiva. A energia mais afastada do Eu, isto é, a energia que anima o corpo, é negativa.

"A energia positiva é doadora da vida, a energia negativa é receptiva e condutora de vida. Enquanto ambas estiverem em equilíbrio, estará o indivíduo mental e fisicamente bem; mas se ele dirige unilateralmente a consciência para o plano espiritual ou para o plano físico, permite o acesso de várias castas de irregularidades."

A experiência nos ensina que a pessoa que se dedica à constante atividade mental apresenta uma constituição física frágil e delicada; uma postura adequada, em ambiente propício, proporcionará o equilíbrio necessário para restabelecer as perdas físicas.

Enquanto em postura correta, o maçom eduzirá de dentro de si próprio, de seu Eu Interno, a energia necessária para o seu bem-estar, irradiando, ainda, o que lhe sobra, em benefício de seu

Irmão; haverá uma constante troca de benefícios mútuos. Sem contar com os aspectos mágicos da Maçonaria.

O egoísta e o negativo aspira receber energia de fora e não concebe que possa extrair algo de si próprio. Quem está pronto a dar, receberá.

Uma orientação adequada, partida de um verdadeiro Mestre,[123] proporcionará ao maçom o aperfeiçoamento almejado. O aumento de salário consistirá na aquisição de outras e mais outras Posturas.

O mesmo Oficiante que abriu o Livro da Lei, seguindo a mesma marcha litúrgica, o fechará, recolocando no devido lugar o Esquadro e o Compasso.

Antes disso, porém, conservado ainda o Livro da Lei aberto, que simboliza a presença atuante do Grande Arquiteto do Universo, formar-se-á a Cadeia de União.[124]

Encerrada a formação da Cadeia de União, voltam todos aos seus lugares, proferindo o Primeiro Vigilante as palavras de encerramento.

A saída do Templo será feita em ordem inversa à da entrada, isto é, quem se retira em primeiro lugar é o Venerável Mestre, seguido dos Obreiros que ocuparam as poltronas ao seu lado e, após, os Vigilantes; a seguir, pela ordem hierárquica, os Visitantes e os demais Obreiros.

O último a sair será o Arquiteto, precedido pelo Mestre da Harmonia. Competirá ao Arquiteto fechar a porta externa do Templo.

O recinto interno do Templo não é lugar apropriado para conversas; os Obreiros confraternizarão, na Sala dos Passos Perdidos, onde não mais será observada qualquer ordem hierárquica.[125]

---

123. Cada Mestre terá seu discípulo; cada discípulo "encontrará" o seu Mestre. Mestre, ou 3º Grau.
124. *Vide* próximo capítulo.
125. A Sala dos Passos Perdidos é uma sala de espera, ampla e confortável, apropriada para recepções.

A Cadeia de União

A Cadeia de União é um ato litúrgico que, comumente, realiza-se ao término dos trabalhos, antes de ser fechado o Livro da Lei;[126] a sua supressão importa na ausência do aspecto espiritual da reunião, furtando aos Obreiros a oportunidade da permuta de suas forças mentais e físicas, transmitidas pelo aperto das mãos.

Por ser uma instituição pouco conhecida, Lojas há que só formam a Cadeia de União para transmitir a Palavra Semestral[127] e isto de seis em seis meses, ou após uma Cerimônia de Iniciação, com a finalidade de transmitir aos Neófitos[128] aquela referida Palavra Semestral.

Dizer das origens da Cadeia de União seria tarefa prematura, eis que subsiste apenas a tradição, sabendo-se que até hoje nas Lojas da Inglaterra não é usada.

Nas épocas primitivas, quando os principais da Tribo reuniam-se em torno da Fogueira Sagrada, em Círculo, para invocar a proteção dos seus deuses ou para deliberar a respeito dos assuntos administrativos, familiares e mesmo para as lutas com Tribos vizinhas e rivais, teria sido o início do que é hoje o Coroamento da Obra.

A Cadeia é um símbolo; forma-se com elos, como uma corrente, e cada elo representa um Obreiro dentro da Loja; um elo disperso nada significa; a união de todos forma um círculo e completa o símbolo; significa união, força, unidade, fusão, enfim, a espiritualização dos que permutam entre si as suas forças espirituais.

Portanto, trata-se de um símbolo vivo, atuante e que produz consequências imediatas. É a magia atuante.

---
126. No G.O.B., após o encerramento dos trabalhos.
127. Palavra de Ordem fornecida pelo Grão-Mestre.
128. Maçom recém-iniciado.

O Homem é o símbolo por excelência de Templo, como partícula completa, tal como fosse uma célula; porém a Cadeia de União é símbolo, enquanto for apontada, referida, como sendo um ato litúrgico; mas transforma-se quando em execução em força e presença; desfeita, desaparece o ato litúrgico, para subsistir, apenas, o elo isolado.

Dentro de um Templo, mormente o descrito em Reis, que seria por muitos séculos o Templo de Salomão, e até hoje, modelo do Templo Maçônico, tudo reflete a Cadeia de União, seja no simples cordão que fixa o Avental, a Borda Festonada, os Colares ostentados pelas Luzes, a rede que cobre o topo das Colunas, a Corda dos 81 Nós, enfim, tudo que forme círculo como a própria marcha dentro do Templo.

Analisando bem a fisiologia da Cadeia de União, encontraremos o resumo dos trabalhos maçônicos; é portanto a síntese do que o maçom pratica dentro de uma Loja.

Segundo um autor alemão,[129] o termo Cadeia de União se teria tornado conhecido universalmente após a fundação do Escritório Universal da Maçonaria, originalmente como uma entidade privada do Irmão Eduard Quartier La Tente, Grão-Mestre suíço, em 1902.

Porém os termos, a nomenclatura e as definições não fixam uma época; haja vista o próprio vocábulo: Maçonaria, que é recente, moderno, e do século XVII; todavia, sempre existiu o que denominamos de Movimento, de Reação, de Religião.

A teoria atômica do astrofísico Bethe, consoante o esquema por ele apresentado, dá uma demonstração evidente da obediência à Lei natural.

O que é um átomo? Em torno de um corpo central, comparável ao Sol e que se denomina de núcleo, giram como Planetas, em trajetórias de vários diâmetros, partículas menores, denominadas elétrons.

A semelhança com nosso Sistema Solar certamente não consti-tui mero acaso; pelo contrário, permite que se conclua que onde no Universo se agrupem grandes massas, esse agrupamento aparece como um Sistema Solar.

Agrupando-se massas minúsculas, elas aparecem como átomos. Em ambos os casos, a massa principal acumula-se no centro

---

129. Karl Dittmar — *Das Katena*.

como Sol e pequenas partículas dispersas rodeiam esse centro como Planetas.

A diferença entre as dimensões é de importância relativa.

O Sistema Solar é o átomo do Mundo, do Macrocosmo, e o átomo é o Sistema Solar do pequeno Mundo, do microcosmo.

Os planetas do sistema atômico chamam-se elétrons.

Demócrito, há 2 mil anos, já havia deduzido pela lógica que haviam de existir os átomos.

Em 1625, o matemático francês Descartes — portanto, 300 anos antes da descoberta dos elétrons — deduzira, à base de raciocínios matemáticos, que, além dos átomos, havia de existir uma partícula primitiva da matéria, muito menor ainda; dedução essa que hoje também se acha plenamente confirmada. E o que é mais surpreendente ainda: Descartes desenhara aquela partícula primitiva de acordo com nossos conceitos atuais, como sendo um *Remoinho* que borbulhava do éter celeste, o qual, então, presumia-se existir como Remoinho etéreo.

As *Cadeias* e os *Remoinhos* não passam de círculos.

Fácil se torna compreender que tudo se passa de idêntica forma tanto para um átomo como para um homem.

Podemos, portanto, fazer uma afirmação: tudo em nós vive em cadeia.

Esta é a razão da importância vital de a formação da Cadeia de União tornar-se imperativa, como consequência lógica de que o homem deve obedecer às Leis da Natureza e às Leis Espirituais.

O resultado das reações em cadeia, dos átomos, é a energia. Energia idêntica gera uma cadeia formada pelo entrelaçamento tríplice de maçom.

Não há diferença entre o Universo de fora e o Universo de dentro.

A Cadeia de União nada mais é que a repetição de Leis que regem a Natureza; é preciso, porém, entendê-las e conscientizarem-se todos desta Verdade.

Eis, portanto, uma das razões da formação da Cadeia de União dentro dos Templos Maçônicos.

Na Natureza, tudo ocorre em círculo, ou seja, em cadeia e mesmo em corrente.

O corpo humano, pelo seu sistema nervoso, registra as excitações que lhe vêm do mundo exterior; os seus orgãos e os seus músculos dão a estas a resposta apropriada.

O Homem luta pela sua existência, tanto com a sua consciência quanto com o seu corpo.

Este seria o homem receptivo. Mas, obviamente, existindo um corpo receptivo, ao seu lado existirá um corpo doador.

Não haveria receptividade sem doação.

A união dessas duas forças completa o ciclo da Natureza e nada mais adequado e importante que ser feita a troca dentro da Cadeia de União.

O corpo humano possui um sistema central; compreende o cérebro, o cerebelo, o bulbo e a medula.

O sistema central age diretamente sobre os nervos dos músculos e indiretamente sobre os nervos dos órgãos.

Essa substância, por meio dos nervos sensitivos, recebe as mensagens que emanam da superfície do corpo e dos órgãos dos sentidos.

Essas mensagens são enviadas para todos os órgãos pelo sistema simpático.

Uma quase infinita quantidade de fibras nervosas percorre o organismo em todas as direções. As suas ramificações microscópicas insinuam-se entre as células da pele, em torno das glândulas, dos canais de secreção, nas túnicas das artérias e do intestino, na superfície das fibras musculares, etc.

O corpo humano, unido em *Cadeia de União*, submete-se a uma constante troca por meio da excitação dos toques.

Estes toques são feitos pelas mãos e pelos pés. Contudo, dada a proximidade dos corpos, há os toques mentais, pois as células nervosas captam a curta ou longa distância as doações.

As recepções e doações não passam de permutas, havendo, após determinado lapso de tempo e unidade de respiração, um perfeito equilíbrio.

Ninguém mais terá a dar e nem a receber: haverá uma só identidade. É a Vida em União do Salmista,[130] ou a compreensão exata das palavras do Divino Mestre:[131] "Eu e o Pai somos Um".

Penetrando no terreno difícil e às vezes incompreensível da Mística, notamos que o efeito de uma oração[132] surge quando a mente

---
130. Davi.
131. Jesus Cristo.
132. Prece.

pede, não para si, mas para outrem.[133] Pedindo com desprendimento, um benefício para o próximo, aquele benefício reverte para nós.

Os estados de consciência produzidos pelo trabalho mental refletem no organismo. Bastaria lembrarmos que o prazer faz corar a face; a cólera e o medo fazem empalidecer, uma notícia trágica pode provocar a contração das artérias coronárias, a anemia do coração e a morte repentina. O terror enfraquece os músculos das pernas, dobra os joelhos e causa desfalecimento.

A visão de um alimento apetitoso provoca a salivação; uma mulher bonita e sensual, a ereção; a ofensa dilata os vasos das glândulas suprarrenais segregando adrenalina, preparando o organismo para o ataque. O terror prolongado embranquece os cabelos em poucas horas; a angústia causa o desejo do suicídio.

O controle de tudo isto pode ser realizado por meio de uma simples meditação. O relaxamento muscular, a divagação, a fuga dos problemas pela substituição e novos quadros e pensamentos dirigidos conduzem à meditação e esta ao equilíbrio e ao estado normal.

É a função fisiológica do corpo humano por meio da Cadeia de União.

Se a Cadeia de União possui este dom e esta faculdade de modificar o metabolismo e comportamento humanos, que dizer de sua ação espiritual?

A Palavra Semestral é transmitida dentro da formação da Cadeia de União.

A existência da Palavra Semestral é de suma importância, não se restringindo apenas a uma senha atualizada de seis em seis meses.[134]

Sem, ainda, entrarmos na mecânica da Cadeia da União, torna-se preciso dizer que a formação da Cadeia sem a transmissão da Palavra Semestral não encontrará objetividade.

A Palavra Semestral poderia ser transmitida por escrito; então, embora ao lê-la a mente receba o poder que ela emana, os resultados que o som poderia produzir não seriam exercidos.

---
133. O Irmão que está ao lado.
134. É o conceito vulgar, porque o que o Autor esclarece é de pouca divulgação.

Portanto, um dos elementos fundamentais da Cadeia de União é o som produzido pelo sussurro da passagem da Palavra Semestral transmitida de ouvido a ouvido.[135]

Antes de mais nada, quem deve participar de uma Cadeia de União? Todos os obreiros presentes.[136]

A Palavra Semestral possui várias finalidades: dar Regularidade; permitir a entrada nos Templos;[137] fornecer o som para a Cadeia de União e evidenciar a existência de uma Autoridade Central.[138]

A Palavra Semestral, obviamente, é mudada de seis em seis meses, correspondendo às passagens dos Equinócios e Solstícios, ou seja, na entrada do verão e na entrada do inverno.

O Equinócio consiste na entrada do Sol em qualquer dos pontos denominados equinociais e que estão no princípio de Áries e Libra, em cujo tempo as noites e os dias são iguais.

O Solstício consiste na época em que o Sol entra nos signos de Câncer e Capricórnio.

O Oriental firma o seu pensamento condutor à meditação trans-cendental ou profunda em um Mantra, que não passa de pronunciamento sussurrado de uma palavra convencional; é o veículo que abre caminho para a parte interna do Ser.

A Palavra Semestral atua como Mantra, e sussurrada de ouvido a ouvido tem o dom de conduzir à meditação, com rapidez.

Quem fornece a Palavra Semestral é sempre a Autoridade máxima da Instituição Maçônica.

Ao ser formada a Cadeia de União, o Venerável Mestre providenciará, antecipadamente, por meio do Arquiteto, que haja iluminação adequada,[139] som apropriado e perfume produzido por incenso,[140] três fatores que conduzem à meditação.

A meditação, na Cadeia de União, é de curta duração. Para que o Obreiro penetre em si mesmo, eduzindo forças para dar e para que se disponha a receber os benefícios emanados de seu Irmão a

---

135. É a forma convencional para que ninguém escute.
136. É a opinião pessoal do Autor.
137. Nenhum visitante tem ingresso se não souber a Palavra Semestral, que é colhida pelo Guarda do Templo.
138. Os Grão-Mestres, tanto das Grandes Lojas como dos Grandes Orientes.
139. *Vide* obra do mesmo autor: *A Cadeia de União*.
140. Usado em todas as cerimônias religiosas.

quem aperta as mãos, é necessário que se encontre naquele estado de meditação já referido anteriormente.

A postura correta também tem máxima influência nos resultados; as pontas dos pés unidas às dos pés dos Irmãos ao lado; mãos apertando-se mutuamente; pensamento uniforme por meio da Palavra Semestral, formação em Círculo e o comando do Venerável Mestre, controlado pelo Mestre de Cerimônias, são princípios obrigatórios para um bom resultado.

A formação da Cadeia de União não diz respeito apenas à permu-ta das energias entre os Obreiros, mas sim ao contato com o Criador dos Mundos[141] a quem, ao final, é elevada uma prece.

Dada a condição peculiar de um Venerável Mestre, portador de uma representação Hierárquica Superior, a formação de uma Cadeia de União composta exclusivamente de Veneráveis Mestres seria um acontecimento invulgar e de grande potência.

Evidentemente, só na capital de um Estado que abrigasse múltiplas Lojas isto seria viável, ou por ocasião de algum Congresso Maçônico.

Doze ou mais Veneráveis Mestres unidos em Cadeia teriam as suas forças físico-mentais equilibradas, sem contar os benefícios que adviriam das permutas ocorridas.

Há, também, a viabilidade, em uma Loja antiga, de reunir em Cadeia o Venerável e os *Past-Masters*, estes na condição de "ex-Veneráveis", que continuam beneficiados pela cerimônia de sua Instalação.

Assim, há razões para serem estudadas as inúmeras facetas apresentadas pela Cadeia de União.

Também deve ser aventada a hipótese de, na ausência do Venerável Mestre e de *Past-Masters*, a Cadeia de União ser dirigida pelos Vigilantes, que obviamente, segundo os Landmarks da Ordem, são os substitutos obrigatórios e naturais do Venerável Mestre.

A Cadeia de União dirigida por um Vigilante, nas condições antes ponderadas, surtirá efeito positivo e idêntico ao da dirigida pelo Venerável Mestre titular.

---

141. Grande Arquiteto do Universo, Deus.

Ainda surge a hipótese de não se encontrarem presentes os ti-tulares das Vigilâncias e os cargos estarem ocupados por qualquer Irmão do Quadro.

Neste caso, temos dúvida da validade do ato e seria, por analogia, recomendável que fosse presidido pelo Experto,[142] como acontece por ocasião da abertura do Livro da Lei.

Como não existem regulamentos e disposições sobre a formação da Cadeia de União, ressalvadas raras exceções, está surgindo uma que jurisprudência a respeito. Os estudiosos deverão tomar a iniciativa para suprir as omissões que, apesar dos séculos de existência da Maçonaria, em certos setores, surgem as falhas.

*
* *

---

142. Ou, como é feito no G.O.B., o Orador.

A Iniciação

A tradição maçônica determina que o Candidato ao ingresso na Ordem Maçônica[143] seja escolhido em absoluto sigilo.

Apresentado o nome do Candidato, por meio de Proposta escrita[144] e colocada no Saco das Proposições[145] por um Mestre,[146] é submetido a uma rigorosa sindicância feita por uma comissão orientada pelo Venerável Mestre; os membros dessa comissão, bem como as suas informações, são mantidos em sigilo; as assinaturas dos Sindicantes são apostas em parte destacável, e, após concluído o processo, incineradas ou arquivadas.

O resultado das sindicâncias é fornecido aos Obreiros, que darão a sua aprovação, mediante o Escrutínio Secreto, através de voto por meio de esferas[147] pretas e brancas.

Encontrada apenas uma esfera negra, o processo é suspenso e o informante anônimo é convidado a se apresentar, em caráter reservado, ao Venerável Mestre.

Caso os motivos alegados sejam suficientes para vetar o ingresso do Candidato à Ordem, a critério do Venerável Mestre, este fará a comunicação à Loja e o nome do Candidato permanecerá por um determinado período[148] aguardando nova oportunidade de apresentação; porém se forem encontradas duas ou mais esferas negras, o Candidato será rejeitado e o fato comunicado à Grande Secretaria Geral para registro e informações a toda a Maçonaria Universal.

---

143. Instituição Maçônica. Grandes Lojas Simbólicas e Grandes Orientes.
144. As propostas, geralmente, são impressas e fornecidas pela Secretaria.
145. Propostas e Informações.
146. É vedado aos Aprendizes e Companheiros apresentarem candidatos.
147. Pequenas esferas brancas e negras.
148. Cada Regimento Interno da Loja fixa esse período.

Uma vez aprovado o Candidato, então este será procurado pelo proponente, que lhe fará o convite para ingressar na Ordem Maçônica. Caso o Candidato não desejar esse ingresso, ficará o processo arquivado, aguardando nova oportunidade.

Serão procurados os Obreiros amigos do Candidato que iniciarão o trabalho sutil, com a finalidade de despertar o interesse do Candidato visado.

Uma vez tomado o consentimento do Candidato, seu Proponente lhe dará as explicações necessárias, exclusivamente de ordem administrativa, mantendo o sigilo e despertando o interesse e a curiosidade do Profano.[149] Em dia e hora previamente designados, o Candidato será conduzido ao Templo e, na Sala dos Passos Perdidos, imediatamente vendado e preparado para ingressar na Câmara das Reflexões.[150]

O Profano e Candidato entregará todos os seus metais, sendo despido. A retirada dos metais significa simbolicamente que o Candidato ingressará na Ordem Maçônica sem nada possuir; são retiradas as suas vestes, parcialmente; deverá até mesmo permanecer descalço, calçando, tãosomente, um pé de rústica sandália.

Nos tempos passados, o Candidato era desnudado; hoje, a Cerimônia é apenas simbólica.

Colocado na Câmara das Reflexões, o Candidato recebe dois formulários; um com uma série de perguntas a responder e outro para dispor de seus bens, não como um testamento legítimo e legal, eis que não está revestido de características jurídicas, mas, apenas, como uma prática tradicional dos tempos idos.

A Câmara das Reflexões é um recinto apropriado para que o Candidato volte seus pensamentos à realidade da vida; observará que não é apenas matéria e que a vida é um período fugaz, existindo valores espirituais e obrigações morais e sociais a cumprir; será a oportunidade de uma autoanálise; um autoexame de consciência; uma preparação adequada ao Ritual da iniciação.

Enquanto o Candidato permanece dentro de suas reflexões, os trabalhos ritualísticos são iniciados, reunidos todos os Obreiros dentro do Templo.

---

149. Todo indivíduo que não for maçom é denominado de profano.
150. Local considerado "sigilosíssimo", não podendo ser descrito totalmente.

O Experto[151] entrega ao Venerável Mestre o questionário preenchido pelo Candidato, que é lido e comentado pelo Orador. Aprovada esta primeira prova, o Candidato é introduzido no recinto, como se encontrava na Câmara das Reflexões, sendo vendado novamente. Assistirá a grande parte da Cerimônia com os olhos vendados, representando isto a sua cegueira intelectual e espiritual.

A permanência na Câmara das Reflexões simboliza o novo nascimento, quando o Candidato morre para o Mundo Profano para renascer pela Iniciação; é o retorno ao Ventre Materno referido por Jesus,[152] símbolo do novo renascimento Crístico.

Cego o Candidato, a venda que lhe foi colocada nos olhos simboliza seus primeiros dias de vida, quando se torna totalmente dependente de tudo, nada sabendo, nada possuindo e não tendo nenhuma iniciativa.

Na Câmara das Reflexões, o Candidato morre, aparentemente; é como a lagarta que se transforma em crisálida para ressurgir como borboleta, que é a plenitude de sua conquista; entre lagarta, crisálida e borboleta, não há identidade nenhuma; são três fases distintas por que passa o ser inicialmente rastejante, e finalmente alado, totalmente liberto e que poderá dirigir-se verticalmente às alturas.

Ao ser introduzido no recinto do Templo pela mão do Experto,[153] este bate à porta do Templo, provocando reação em todos os Obreiros, eis que o Experto, representando o Candidato, não bate de forma convencional.

O Venerável Mestre, após repreender o Experto porque insiste em dar entrada no Templo a um estranho, pergunta-lhe por que o Candidato pretende participar dos Mistérios Maçônicos;[154] o Experto dá uma resposta simbólica e ritualística: "Porque é livre e de bons costumes".

Esta é uma frase que identifica o maçom; possui várias interpretações, comprovando que a liberdade não poderá confundir-se com libertinagem; uma liberdade que não fira os bons costumes.

---

151. Cabe ao Experto conduzir o Candidato durante toda a cerimônia.
152. Para exemplificar.
153. O Experto atua como Mediador.
154. Do sigilo maçônico.

Entende-se por bons costumes o que a Maçonaria contém em seus princípios básicos; não se poderá admitir, sem um cuidadoso exame e profundo estudo, a evolução dos costumes, a libertação do sexo, as práticas de ações anteriormente vedadas e que a Humanidade aos poucos aceita, como o aborto, o divórcio, enfim, o que pode abalar a solidez da família.

O Candidato, ao entrar, é submetido imediatamente a uma série de provas; o Guarda do Templo lhe encosta ao peito sua espada, e o Venerável Mestre profere a seguinte advertência:

"A espada que vos é colocada no peito simboliza o remorso que, ferindo vosso coração, poderá traumatizar-vos, se fordes traidor à nossa Ordem; simboliza, também, que vos deveis mostrar acessível à Verdade que se sente e que não se exprime. O estado de cegueira a que fostes submetido simboliza as trevas que cercam o mortal que ainda não recebeu a Luz, que o dirigirá pelo caminho da Virtude".

O Venerável Mestre, no transcorrer da cerimônia, inquire o Candidato por diversas vezes sobre o seu interesse de ingressar na Ordem Maçônica; as provas prosseguem somente após a anuência do Candidato, que tem o direito de retroceder e desistir.

Neste caso, é reconduzido para fora do Templo, e após recebidos os esclarecimentos necessários, é despedido.

O Venerável explica ao Candidato que está ingressando em uma Instituição que não conhece; nada lhe foi esclarecido antes, e então lhe diz que terá deveres para cumprir; compromissos para assumir e trabalho para realizar.

Esclarece-lhe, mais, que já passou pela primeira prova, a da Terra,[155] e que se for admitido maçom encontrará nos símbolos maçônicos a realidade do dever, pois o maçom não combate somente as próprias paixões, trabalhando para a autoperfeição, mas aos outros inimigos da Humanidade, quais sejam os hipócritas que a enganam, os pérfidos que a defraudam, os ambiciosos que a usurpam e os corruptos e sem princípios, que abusam da confiança dos povos; a estes não se combate sem preparo prévio e sem perigos.

---

155. Dentro da Câmara das Reflexões.

A seguir, o Experto[156] conduz o Candidato, sempre vendado, para fora do Templo e faz com ele uma caminhada por obstáculos, nos quais o Candidato tropeça e sente grande dificuldade, que sozinho não poderia transpor.

Retornando ao Templo, o Venerável Mestre cumprimenta o Candidato pela coragem demonstrada e lhe diz que somente pelos perigos e dificuldades é que se poderá alcançar a Iniciação.

É explicado ao Candidato que a Maçonaria, embora não seja uma religião e proclame a liberdade de consciência, tem uma crença na existência de Deus, que é Princípio Criador, a quem todo maçom, ao encetar uma empresa, solicita auxílio e invoca a presença espiritual.

Sempre houve muita divergência em torno do fato de ser ou não a Maçonaria uma religião.

Isto está na dependência da interpretação e da tradição; inicialmente, e quando era apenas um Movimento de reação contra o despotismo sacerdotal, evidentemente a Maçonaria não continha qualquer princípio religioso; mas depois, dentro de sua evolução até transformar-se em Instituição ou Ordem Maçônica, adotando uma liturgia, ingressou no aspecto religioso, posto sem proselitismo.

A crença em um Princípio Criador, personalizado como Grande Arquiteto do Universo, a quem invoca, na presença do qual presta juramentos, ergue preces, pratica solenidades, obviamente, o maçom está prestando um culto. E isto é religião.[157]

O Rito Francês Moderno aboliu a presença do Livro Sagrado no Altar e a invocação ao Grande Arquiteto do Universo, omitindo totalmente a presença de um Princípio Criador. Constitui uma Maçonaria irreligiosa, materialista, onde apenas os princípios da Moral são observados e onde os fenômenos espirituais são definidos como resultados científicos da Parapsicologia.

Nos países cristãos não há interesse nenhum, nem existe qualquer problema em torno do assunto, e, se interrogássemos os maçons brasileiros, responderiam sem hesitação que a Maçonaria é sua religião.

A Igreja sempre considerou a Maçonaria uma religião, e hoje, quando se inclina em alterar a sua posição em relação à Maçonaria,

---
156. O Experto participa das provas, tomando sobre si os perigos.
157. Opinião pessoal do Autor.

invoca o ecumenismo, colocando-a entre as religiões que não fazem oposição à Igreja.

Contudo, trata-se de uma religião "*sui generis*", que não implica a renúncia do maçom à sua religião de nascimento e de fé, haja vista que frequentam os Templos Maçônicos desde sacerdotes católicos até pastores protestantes e evangélicos, bem como teosofistas, judeus, rosa-cruzes, espíritas, muçulmanos, enfim, membros de todas as religiões, seitas e doutrinas.

A Maçonaria possui os princípios religiosos comuns a todas as religiões, e isso faz com que não crie conflitos com qualquer outra religião.

*
* *

Completada a segunda viagem, o Experto conduz o Candidato até o Altar do Primeiro Vigilante, onde ele se ajoelha e participa da prece que o Primeiro Vigilante profere:

> "Eis-nos, ó Grande Arquiteto do Universo, em quem reconhecemos o Infinito Poder e a Infinita Misericórdia, humildes e reverentes a teus pés. Contém nossos corações nos limites da retidão e dirige nossos passos pela estrada da Virtude. Dá-nos que, por nossas obras,[158] nos aproximemos de Ti, que és Uno e subsistes por Ti mesmo e a quem todos os seres devem a existência. Tudo sabes e tudo dominas; invisíveis aos nossos olhos, vês no fundo de nossas Consciências. Dignate, ó Grande Arquiteto do Universo, a proteger os Obreiros da Paz, aqui reunidos; anima nosso zelo; fortifica nossas almas na luta contra as paixões: inflama nossos corações com o Amor e a Virtude e guia-nos para que, sempre perseverantes,

---

158. Não é admitida nenhuma intercessão, como a de Jesus, Virgem Maria ou Santos; isto para não ferir os princípios religiosos dos que não forem cristãos.
159. O cumprimento das Leis de Deus importa na crença de que o homem é totalmente dependente de seu Criador, negando o livre-arbítrio; trata-se, na opinião do Autor, de uma contradição; a prece deveria ser reformulada de conformidade com a concepção atual da Maçonaria.

cumpramos tuas Leis.¹⁵⁹ Presta a este Candidato, agora e sempre, tua proteção e ampara-o com Teu Braço Onipotente em todos os perigos por que vai passar".

Em seguida, o Candidato é recolocado no seu lugar¹⁶⁰ e, após alguns minutos de absoluto silêncio, o Venerável Mestre pergunta sobre os pensamentos que lhe teriam ocorrido durante a primeira prova;¹⁶¹ o Candidato tenta responder, mas como nada sabe, a sua resposta será insuficiente, motivo por que o Venerável Mestre lhe dá a necessária explicação, informando que os antigos diziam que havia quatro elementos: a Terra, a Água, o Ar e o Fogo. O Candidato encontrava-se na escuridão e no silêncio, como encarcerado em uma masmorra¹⁶² e cercado de emblemas da mortalidade e de pensamentos alusivos, principalmente para dirigir a reflexão séria e profunda, antes de sua iniciação.

A Caveira, evidentemente, apresentara-se simbólica conduzindo o pensamento do Candidato a refletir sobre a instabilidade da vida humana.

O Venerável Mestre, após a explicação antes referida, propõe ao Candidato que defina o que sejam Virtude e Vício. O Candidato dá as suas definições, que são complementadas pelo Inquiridor.

São apresentados ao Candidato os seus *Três Deveres*:

1 — Absoluto silêncio sobre o que, para o futuro, chegar a ver, ouvir e saber.

2 — Vencer as paixões ignóbeis, que desonram o homem e o desgraçam, cabendo-lhe a prática constante das Virtudes, socorrer os Irmãos em suas aflições e necessidades, encaminhá-los na senda do Bem, desviá-los da prática do mal e estimulá-los à prática da Virtude, dando-lhes exemplos de tolerância, justiça, respeito à liberdade. O que em um profano seria uma

---
160. Entre Colunas.
161. Na Câmara das Reflexões.
162. Trata-se de uma reminiscência das masmorras dos governos despóticos da França.

qualidade rara, não passa no maçom do cumprimento elementar de um dever. Toda ocasião que perder de ser útil é uma infidelidade, todo socorro que recusar é um perjúrio, e, se a terna e consoladora amizade tem seu culto em nossos Templos, é menos por ser um sentimento do que por ser um Dever, que se transforma em Virtude.

3 — Estar sujeito às Constituições, Institutos, Estatutos, Regulamentos e Landmarks da Ordem[163] e ao Regulamento da Loja.

Após essa apresentação, feita pelo Orador, o Candidato é conduzido ao Altar do Venerável Mestre, onde toma parte na Cerimônia da Taça Sagrada, sigilosa e que não pode ser descrita.

O conteúdo da Taça Sagrada lembra ao agora Recipiendário[164] que o maçom deve gozar os prazeres da vida com moderação, não fazendo ostentação do bem que flui, desde que vá ofender ao infortúnio.

O Candidato retorna ao seu lugar e senta-se na Cadeira das Reflexões; as luzes do Templo são apagadas; um fundo musical é ouvido; queima-se incenso e o Candidato permanece um longo período em silêncio, com a finalidade de encontrar-se a si mesmo e meditar sobre o que passou.

Findo o período de meditação, o Candidato participa de três viagens simbólicas representando perigos, guerra, temporais, sendo depois, purificado pela água e pelo fogo.

Depois, é conduzido ao Altar dos Juramentos, coloca sua mão destra sobre o Livro Sagrado e presta os Juramentos Ritualísticos e convencionais.

Sempre com os olhos vendados, é retirado do Templo: veste suas roupas e retorna entre Colunas, sempre pela mão do Experto.

Ao som dos tímpanos e aplausos, retiram-lhe a venda dos olhos e as luzes do Templo são acesas.

---

163. *Vide* 3º Volume da *Introdução à Maçonaria*, do mesmo Autor.
164. O Candidato começa a receber algo.

Isto simboliza o encontro do agora Neófito com a Verdadeira Luz, sendo-lhe desvendados todos os Mistérios, entregues as Palavras de Passe Sagrada, Sinais, Toques, enfim, complementados todos os conhecimentos maçônicos.

Colocam-lhe o Avental, dão-lhe um par de Luvas e convidam-no a "desbastar a Pedra Bruta". A seguir, ele é proclamado por três vezes, pelo Venerável Mestre e pelos Vigilantes. Apõe o seu nome na Prancheta da Loja,[165] que também se denomina de "*Ne Varietur*",[166] e recebe,[167] na Sala dos Passos Perdidos, os cumprimentos de todos.

*
* *

---

165. Livro de presença.
166. No Ritual são usadas expressões e palavras latinas.
167. Só aqui o Experto o deixa, porque o Neófito adquiriu a Luz, ou seja, transformou-se em Irmão.

Instruções Maçônicas sobre o 1º Grau

Primeira Lição

A Maçonaria seguindo os métodos dos antigos filósofos egípcios, ministra seu ensino por meio de símbolos e alegorias,[168] escondendo, assim, aos olhos dos profanos, seus segredos e seus mistérios.

O Neófito[169] equipara-se a uma Pedra Bruta, que necessita ser desbastada, para adquirir uma forma esculpida, tornar-se uma obra perfeita, um símbolo de arte.

Dentro da Loja, após a leitura do "Livro Sagrado", o Primeiro Diácono desenrola o Painel da Loja, que é um quadro, onde estão gravados os principais símbolos do 1º Grau e que representa o caminho a ser trilhado pelo Neófito, com a finalidade de construir em si um Templo Vivo e construir a Moral da Humanidade.

Manejando o Maço e o Cinzel, a Pedra Bruta é transformada em Pedra Polida. É o caminho da Autoperfeição.

No Painel[170] da Loja, condensam-se todos os Símbolos que devem ser conhecidos e bem interpretados.

A forma da Loja é a de um quadrilongo; seu comprimento é do Oriente ao Ocidente; sua largura, do Norte ao Sul; sua profundidade,

---

168. De conformidade com o Ritual, convencionou-se ministrar aos Aprendizes cinco lições; estas lições são dadas espaçadamente e, após um ano, o Aprendiz estará apto a receber aumento de salário, isto é, passar para o 2Grau.
169. O maçom recém-iniciado.
170. Extraído da 1.ª Instrução do Ritual da M. R. Grande Loja do Rio Grande do Sul, p. 68.

da superfície ao centro da Terra, e sua altura, da Terra ao Céu.[171] Esta vasta extensão da Loja simboliza a universalidade de nossa Instituição[172] e mostra que a Caridade do maçom não tem limites, a não ser os ditados pela Prudência.

Orienta-se a Loja do Oriente ao Ocidente,[173] pois, como todos os lugares do Culto Divino e Templos antigos, as Lojas Maçônicas assim devem estar porque:

1º — O Sol, que é a maior Glória do Senhor, nasce no Oriente e se oculta no Ocidente.[174]

2º — A Civilização e a Ciência vieram do Oriente, espalhando as mais benéficas influências para o Ocidente.

3º — A Doutrina do Amor e da Fraternidade e o exemplo do cumprimento da Lei[175] vieram também do Oriente para o Ocidente, trazidos pelo Divino Mestre.[176]

A primeira notícia que temos de um local destinado exclusivamente ao Culto Divino[177] é a do Tabernáculo, erigido no deserto, por Moisés, para receber a Arca da Aliança e as Tábuas da Lei.[178] Este Tabernáculo, cuja orientação era de Leste para Oeste, serviu de modelo para a planta e posição do Templo de Salomão, cuja construção, por seu esplendor, riqueza e majestade, foi considerada como a maior maravilha da época.[179] Eis por que as Lojas Maçônicas, representando simbolicamente o Templo de Salomão, são orientadas do Oriente para o Ocidente.[180]

---

171. Firmamento.
172. Ordem Maçônica.
173. De Leste a Oeste.
174. Linguagem da abertura dos Trabalhos do Ritual.
175. Sagradas Escrituras.
176. Nas Lojas onde predomina o Cristianismo.
177. A parte religiosa da Maçonaria.
178. *Vide* Êxodo.
179. Em Jerusalém ainda permanece um muro, transformando em Muro das Lamentações.
180. Isto simbolicamente, na prática, não é observado.

A Loja Maçônica é sustentada por três Colunas: Sabedoria, Força e Beleza.[181]

A Sabedoria é a orientadora no trabalho maçônico; a Força é o que anima e sustenta em todas as oportunidades, e a Beleza embeleza as ações, dando-lhes sentimentos.

As três Colunas são arquitetonicamente invisíveis, porém são representadas a Sabedoria pelo Venerável Mestre, que, por sua vez, senta-se na Cadeira, ou Trono de Salomão; a Força, pelo Primeiro Vigilante, que reflete a força que o rei de Tiro, Hirão, usou para conseguir a construção material do Templo; e a Beleza, pelo Segundo Vigilante, que espelha a Hiram Abiff por seu delicado trabalho de ornamentação do Templo.

"Todo este simbolismo nos indica que, na obra fundamental de nossa construção moral, devemos trazer para a superfície, para a Luz, todas as possibilidades das potências individuais despojando-nos das ilusões da personalidade. E, nesse trabalho, só poderemos ser Sábios se possuirmos Força, porque a Sabedoria exige sacrifícios que só podem ser realizados pela Força; mas ser Sábio com Força, sem ter Beleza é triste, porque é a Beleza que abre o mundo inteiro à nossa sensibilidade."

O teto da Loja, simbolicamente, é o firmamento natural, e se denomina de Abóbada Celeste; o caminho simbólico para alcançar, verticalmente, o Conhecimento Espiritual, dentro do Universo Infinito é a Escada de Jacó. No topo da escadaria estão colocados os três símbolos cristãos: Fé, Esperança e Caridade,[182] que significam as Virtudes do maçom; entre as variadas interpretações, a Fé é depositada no Grande Arquiteto do Universo; a Esperança, no aperfeiçoamento moral da Humanidade; a Caridade, no culto da fraternidade. Joias,[183] a saber: Ornamentos, o Pavimento de Mosaico, a Estrela Flamejante e a Orla Dentada.

O Pavimento de Mosaico situa-se no Ocidente,[184] elevado símbolo que contém preciosas lições. É formado de ladrilhos alternados, brancos e negros, perfeitamente quadrados, unidos

---
181. *Vide* capítulo sobre as Colunas da Loja.
182. Cruz, Âncora e Coração.
183. Pálida imagem do Templo de Salomão.
184. Onde comandam os Vigilantes.

entre si, e em seu perímetro um festão, também de ladrilhos em triângulos, imitando uma franja.

Em alguns Ritos, as cores dos ladrilhos alternam-se entre branco, negro e vermelho.

O Pavimento de Mosaico simboliza[185] a diversidade dos homens e de todos os seres, animados ou inanimados, entrelaçando-se e unindo o Espírito com a Matéria.

O significado mais curial e menos maçônico diz respeito à igualdade entre as raças negra e branca.

No antigo Egito, somente era permitido transitar sobre o Pavimento o Candidato e aqueles que desempenhavam algumas tarefas, como quem acendia a luz do Fogo Sagrado e quem manejava o Turíbulo do Incenso.

Há Lojas que dispensam o Pavimento de Mosaico como símbolo isolado, e constituem todo o pavimento da Loja de ladrilhos brancos e negros, evidentemente em prejuízo da presença em destaque de um dos ornamentos da Loja.

O Pavimento de Mosaico, por ser um ornamento, não possui valor filosófico; contudo, há várias considerações para serem feitas a respeito da cor.

Nem o negro nem o branco são cores; o negro é ausência de cor, o branco é a polarização das cores.

Portanto, temos na luz do Sol a pretensa cor branca e na ausência do Sol a pretensa cor negra.

O grande maçom[186] *sir* Isaac Newton é um dos maiores homens de ciência que o mundo conheceu. Realizou com um prisma algumas experiências simples que pela primeira vez revelaram a natureza da cor. Eis a experiência de Newton: "Através de pequeno orifício feito em uma parede, ele deixava penetrar em um quarto escuro um feixe de luz do Sol, que recebia em um prisma de vidro — prisma equilátero, com ângulo de 60 Graus —, virado para baixo. Saindo do prisma, o feixe era recebido em uma folha de papel branca. Se não tivesse atravessado o prisma, o feixe luminoso formaria um pequeno círculo luminoso no papel. Em lugar disso, porém, o que aparecia era uma larga faixa que tinha cerca de 25 centímetros. A faixa obtida encerrava

---

185. *Vide* a obra *Introdução à Maçonaria*, do mesmo autor, Madras Editora.
186. 1642-1727.

várias cores, sendo a de cima violeta e as outras, de cima para baixo, anil, azul, verde, amarelo-alaranjada e vermelha".

Dá-se a tal faixa o nome de espectro, e às cores o de cores do espectro.

Talvez pareça estranho que a luz branca encerre todas essas cores, porém Newton mostrou que, intercalando no leque de cores outro prisma, colocado ao contrário, para desviar os raios para outra direção, todas as cores saídas do primeiro prisma eram reunidas pelo segundo, que então projetava luz branca.

Inicia-se, então, uma jornada de mistério. Para além da cor vermelha existe a infravermelha; para aquém da cor violeta existe a ultravioleta, ambas invisíveis para o olho humano, porém visíveis, para o Terceiro Olho.[187]

O olho humano não percebe no raio do Sol as sete cores do espectro, embora as perceba já polarizadas nos seres.

A abelha, entre todos os insetos, não distingue a cor vermelha, como os daltônicos.[188]

Os corpos coloridos, como as flores, não são coloridos por adicionamento de substância química, mas porque a luz branca do Sol que sobre eles incide, lhes filtra alguma coisa.[189] Uma flor vermelho-escura absorve todas as cores da luz branca, com exceção da vermelha.

A luz que dela escapa será quase vermelha pura.

Uma substância azul absorve todo o vermelho, o alaranjado e o amarelo, deixando escapar apenas o azul, geralmente misturado com um pouco de verde, anil e violeta.

Se colocarmos sob a luz colorida diferentes objetos de cor, obteremos resultados curiosos. Para obter a luz colorida, podemos colocar diante da lâmpada de uma lanterna, vidros coloridos de cor tão pura quanto possível. Usando na lanterna um bom vidro azul, uma papoula vermelha nos parecerá negra, porque absorverá toda cor azul e não refletirá a vermelha. À luz verde, a papoula parecerá muito escura; à amarela, relativamente brilhante, pois não absorve toda o amarelo, e à luz vermelha, parecerá brilhante, pois não absorve nenhum vermelho. Um livro azul exposto à luz vermelha parecerá negro.[190]

---

187. *Vide* obra do mesmo autor, *O Delta Luminoso,* Madras Editora.
188. Pessoas com defeito na visão, pois não distinguem a cor vermelha.
189. O processo químico da luz sobre os corpos.
190. O fenômeno da conhecida luz negra das casas de diversões noturnas.

A luz artificial encerra muito menos azul que a do Sol, porque é muito mais vermelha. Há, contudo, luzes artificiais de diversas espécies, como as lâmpadas de flúor, mercúrio, iodo, etc.

Este é o motivo por que as coisas azuis sempre parecem muito escuras à luz artificial; elas absorvem tudo o que não seja azul e, na luz artificial que sobre elas incide, existe muito pouco azul para escapar a essa absorção. As cores vermelhas tornam-se mais vivas à luz artificial.

Porém, se misturarmos tintas, que são químicas, os efeitos serão diversos. Uma tinta azul absorve o vermelho, o alaranjado e o amarelo; uma tinta amarela absorve o azul, o anil e o violeta.

A única cor que escapa à dupla absorção é o verde, e por isso a mistura parecerá, sempre, verde.

Se misturarmos, porém, não tintas, mas luzes azul e amarela, dirigindo um feixe azul e outro amarelo sobre um pedaço de papel branco, que reflete as duas luzes misturadas, o resultado não será de cor verde, mas branco. Certos pares de cor formam uma espécie de branco que o olho não pode distinguir do branco formado pela mistura total das cores primárias.

A cor pode ter grande influência sobre o ser humano, pois tudo o que é colorido possui uma frequência vibratória e um som, e isso pode provocar harmonia ou desarmonia no corpo.

A combinação das cores assume relevante importância na vida e até já possuímos uma ciência que se denomina de dinâmica das cores, com finalidades educativas e terapêuticas.

Por exemplo, a pessoa precisa de uma combinação de cores adequada à sua própria formação. Essa combinação pode ser seis no plano físico, cinco no astral, oito no mental e três no espiritual. Com tanta diversidade, é óbvio que somente poderá sentir-se bem em um ambiente multicolorido.

Para o seu desenvolvimento físico, a pessoa deveria usar o vermelho e o azul; para o psíquico, o amarelo pálido e prata, e para o desenvolvimento superior, o rosa e o escarlate.[191]

Um Templo, uma sala de meditação, deveria ter enfeites ou bandeiras de todas as cores para que, de acordo com o desenvolvimento gradativo de consciência, fosse possível meditar-se sobre cada cor.

---

191. Sempre há na pessoa a tendência de gostar mais ou menos de determinada cor.

Dentro do figurativo dos Evangelhos, vemos os planos celestiais, em que cada anjo, arcanjo, querubim, etc. possui uma cor distinta.

Temos a influência das pedras preciosas e semipreciosas coloridas nas profissões, aplicadas aos anéis de Grau.

Dentro das diversas religiões vamos encontrar, sem aparente explicação, altares multicoloridos, mormente nas seitas africanas.

Os hábitos religiosos dos budistas são amarelos; os dos prelados católicos, negros, brancos e púrpura.

Os signos do zodíaco são coloridos.

Na Maçonaria há Ritos de diversas cores, predominando a vermelha e a azul. Há cores quentes — as da tonalidade vermelha, e cores frias — as da tonalidade azul; umas são repousantes, outras irritantes; a vermelha denota masculinidade; a azul, feminilidade.

Dentro da Loja Maçônica, em determinadas ocasiões, as luzes acendem-se vermelhas; assim, os símbolos adquirem tonalidades diferentes, principalmente o Pavimento de Mosaicos.

Os mosaicos, assim, simbolizam muito mais que a simples confraternização das raças ou os apelos da dualidade.

Compreendido o branco[192] que não é cor, mas sim a fusão de todas as cores, e o negro[193] que não é cor, mas sim neutro e ausência de Luz, surgirão lições de filosofia transcendental sobre o significado simbólico do Pavimento de Mosaicos, que, visto sem nenhuma preocupação, esconde o multicolorido da interpretação simbólica.

*
* *

O segundo ornamento,[194] a Estrela Flamejante, simboliza a principal Luz da Loja, pois é o símbolo do Sol, Glória do Criador, e sobretudo, da Caridade. Espargindo Luz e Calor[195] por toda parte

---

192. Há uma série de símbolos em branco, como o Avental do Aprendiz.
193. O negro é muito usado dentro dos Templos, principalmente na Câmara das Reflexões e no balandrau vestido pelos Obreiros.
194. Os Ornamentos não obedecem rigorosamente a uma colocação numérica; na obra do mesmo Autor, *Introdução à Maçonaria* vem a Estrela Flamejante colocada como 3º Ornamento.
195. Ensino e Conforto.

onde atingem seus raios vivificadores, simboliza que a Caridade não deve ficar restrita aos Obreiros da Loja, mas a toda a Humanidade.

A sua colocação dentro do Templo tem sido objeto de discussões, porque seu lugar deve ser o de maior destaque por simbolizar a Divindade.

Porém, em muitas Lojas, a vemos colocada ou sobre o dossel do Venerável Mestre ou sobre a Porta de entrada, portanto, ou no Oriente ou no Ocidente e também sobre o Altar do Segundo Vigilante.

Contudo, a posição material não acarreta muita dificuldade. O seu nome a define como uma Estrela Flamejante, cujos raios são ondulantes.

Não é a única Estrela existente dentro do Templo. Além das Constelações, que formam os Signos do Zodíaco, encontramos três Estrelas: uma de cinco pontas e outra de seis.

A Estrela Flamejante possui seis pontas e casualmente é feita de cristal, iluminada por dentro com luz artificial, como reflexo no piso, coloca-se uma réplica, porém móvel. No centro, grava-se a letra "G", que significa o Grande Geômetra. Outros colocam a letra "J", significando Jeová. Conforme o idioma usado dentro da Loja,[196] a letra pode ser alterada; a letra "G" pode ser substituída por uma serpente que morde a própria cauda, simbolizando a inteligência suprema e eterna.

A imaginação criou várias formas de Estrela Flamejante, chegando a torná-la um candelabro com luzes que se acendem, alimentadas a óleo. O candelabro fica suspenso, subindo e descendo por meio de uma roldana.

Em algumas Lojas, a Estrela é de ouro com pontas alongadas e retorcidas, imitando raios flamígeros. É chamada, também, de Estrela de Davi e representa o homem de braços e pernas abertos, sendo a ponta que desce em perpendicular o seu membro viril.

É um emblema de unidade do Espírito com a matéria, de Deus manifestado em seu Universo.

A Estrela de cinco pontas coloca-se junto ao Segundo Vigilante. É a que simbolizou o nascimento de Jesus.

Também é o símbolo do Homem Perfeito, da Humanização plena entre Pai e Filho; o homem em seus cinco aspectos: físico,

---

196. Em outros países.

emocional, mental, intuitivo e espiritual, totalmente realizado e uno com o Grande Arquiteto do Universo. É o homem de braços e pernas abertos, mas sem virilidade, porque dominou as paixões e emoções.

A Estrela de sete pontas é desenhada no Painel da Loja[197] e é colocada sobre a Escada de Jacó, que conduz aos Céus. Seu simbolismo é setenário; as sete principais direções em que, lentamente, se move durante toda a Vida até entrar em Perfeita Harmonia com a Vontade do Grande Arquiteto do Universo; as sete maneiras pelas quais o homem pode chegar à Perfeição; as sete emanações ou raios que o Grande Arquiteto do Universo espargiu no Universo; a Ideia Crística dos sete Espíritos que estão ante o Trono do Criador; os sete Poderes peculiares que o adepto conquistou para chegar à autorrealização; as sete cores do Arco-Íris; as sete Notas Musicais; os sete Sentidos Sensoriais; os sete Estados de Consciência do homem, etc.

As Estrelas são construídas usando-se o Compasso, Esquadro e Régua, e são resultado de um longo aprendizado de sete anos, destinado aos Aprendizes maçônicos.

*
* *

O terceiro ornamento é a Orla Dentada,[198] que vem colocada no perímetro Ocidental da Loja, e sua forma e colocação apresenta variações; no Templo de Salomão era colocada de forma marchetada ou entalhada em torno de todas as paredes, tanto interna como externamente, formada de figuras de querubins, palmeiras e flores abertas.

Posteriormente, já nos Templos Maçônicos, a Orla Dentada era marcada no piso e formada com símbolos da Ordem.

Finalmente, foi colocada entre as paredes e o piso, simplificada com fios torcidos ou franjas; geralmente, é pintada.

A Orla Dentada presta-se a muitas interpretações; simboliza a orla que os planetas formam ao redor do Sol em suas diversas revoluções; é a muralha protetora em torno da Humanidade; os laços que se veem formados pela Orla nos quatro cantos da sala simbolizam as quatro ordens relacionadas com os elementos da

---

197. Contudo, há painéis nas quais ela não se apresenta.
198. Ou Borda Festonada.

Terra, Água, Ar e Fogo; espiritualmente, relembra a Cadeia de União,[199] o Círculo Protetor e a Unidade ininterrupta entre os maçons.

Simboliza o princípio da atração Universal, o Amor que os une em torno de um chefe[200] no seio de uma Loja, obtendo ensinamentos e cuja Moral aplicam em toda oportunidade.

*
* *

O Paramento da Loja é constituído pelo Livro da Lei, pelo Compasso e pelo Esquadro.

O Livro da Lei representa o Código de Moral que cada Obreiro deve respeitar e seguir: a filosofia que vem a adotar; a religião que lhe fortalece a Fé.[201]

O Compasso e o Esquadro que na Loja são representados sempre unidos, simbolizam a medida justa que deve orientar as ações dos Obreiros, conservando-os na Justiça e na Retidão.

As pontas do Compasso, ocultas sob o Esquadro[202] simbolizam que o Aprendiz, trabalhando na Pedra Bruta, embora consciente da existência do Compasso, não o pode usar, enquanto sua obra não estiver perfeitamente acabada, polida e esquadrejada.[203]

O Compasso, evidentemente, é um instrumento ou utensílio composto de dois braços articulados que se unem até formarem um ponto em que se separam até permanecerem opostos formando uma linha reta.

Destina-se a traçar uma das mais perfeitas figuras geométricas, que é o Círculo.

A posição do Compasso traduz a estática e a dinâmica; com os seus braços ou hastes fechados, somente poderá marcar o Ponto.

O Ponto não significa morte ou estagnação, mas é a partida para a grande aventura da Vida. Entreabrindo-se o Compasso, já traça uma curva que forma o Círculo e a circunferência.

---
199. Contudo, não representa a Cadeia de União.
200. O Venerável Mestre.
201. Em capítulos anteriores, foi feita longa dissertação sobre o Livro da Lei.
202. É a colocação do Esquadro e do Compasso sobre o Livro aberto da Lei.
203. O polimento e o esquadrejamento são feitos com o Maço e Cinzel, usando a Régua e o Esquadro.

Abre-se, então, o Cortinado do Infinito, porque dentro da Circunferência tudo acontece; são os Raios, que partem do Ponto Central que se dirigem ao Infinito, sem jamais se encontrarem; são as figuras geométricas todas que se formam na Circunferência, entre as quais, os Polígonos Estrelados.

O Compasso é a causa e origem de todas as coisas, e seu uso na Loja tem a ver mais com o Grau de Mestre; simboliza a Virtude porque é a verdadeira medida dos nossos desejos.

O homem dentro do Círculo é o Ponto; mas este Ponto, onde descansará uma das hastes do Compasso, para traçar suas figuras, não é algo que tenha origem espontânea.

Jesus Cristo[204] definiu o Ponto de forma sublime ao dizer: "Eu e o Pai somos Um".

No Ponto, nós estamos em Deus e Deus está em nós; não somos deuses em igual potência, mas limitados pelo Círculo. Não podemos afastar-nos em direção ao Infinito pelas linhas horizontal e vertical que partem do Ponto. O homem somente poderá romper as linhas do Círculo em harmonia com Deus; somente em companhia do Criador poderemos sair pelo Infinito; somente com o Grande Arquiteto do Universo poderemos percorrer o Universo.[205]

É por isso que o Compasso limita as nossas paixões e equilibra os nossos anseios.

O Ponto confirma o nosso Eu. O Círculo é o campo experimental do Eu; a Circunferência recebe o Ego.

O Eu é o que realmente somos; o Ego é o que aparentamos ser.

Eu é real; o Ego é fictício.

O Compasso é a Porta que nos introduz à Filosofia Maçônica.

O Livro Sagrado, o Esquadro e o Compasso constituem as grandes Joias e as grandes Luzes da Maçonaria, devendo ser considerados juntos para que exerçam com plenitude o total domínio da Loja.

O Livro Sagrado, enquanto a Loja está fechada, permanece também cerrado ao abrir-se a Loja, abre-se o Livro e sobre suas pá-ginas coloca-se o Compasso, com a abertura de 45º, com as pontas voltadas para o Ocidente; sobre o Compasso, coloca-se o

---

204. "Jesucristo" em Espanhol.
205. UM em diversos.

Esquadro com o ângulo para o Ocidente; o Livro Sagrado, se for a Bíblia, estará aberto nas páginas que contêm o Salmo 133.

*
* *

As Joias da Loja são seis: três móveis e três fixas: as móveis são: o Esquadro, o Nível e o Prumo, assim chamados porque são transferidos, cada ano,[206] aos novos Venerável Mestre e Vigilantes, com a passagem da Administração.

O Esquadro junto com o Compasso sobre o Livro Sagrado é Paramento; isolado, passa a ser Joia móvel, pois faz parte do emblema usado pelo Venerável Mestre.

As Joias fixas são: a Prancheta da Loja, a Pedra Bruta e a Pedra Polida.

O Esquadro, o Nível e o Prumo são colocados nos colares do Venerável Mestre, Primeiro Vigilante e Segundo Vigilante, respectivamente.

A Joia do Venerável Mestre é usada pendente de um colar, como era usada no antigo Egito. O Esquadro simboliza a moralidade e foi o emblema dos operários Construtores de Igrejas.

Do colar do Venerável Mestre, o Esquadro passa às mãos na forma do Malhete, símbolo de comando.

Em toda a história encontramos nas mãos dos governantes um símbolo, a partir do homem primitivo, que empunhava um fêmur ou simples pedaço de pau, até o cetro dos reis; ainda hoje, os magistrados, especialmente os que presidem os júris, empunham um Malhete.

As formas são as mais variadas e simbólicas; entre os caldeus vamos encontrar o machado de duplo corte; os astecas também usavam símbolo semelhante. No Templo de Salomão, no local destinado ao Santo dos Santos, era guardado o machado como um símbolo misterioso e que se denominava de lábaro.

O Lábaro ou Malhete nada mais é do que um duplo Esquadro e tomou forma de um pequeno Maço, em face da evolução da

---

206. Ou em cada eleição que pode ser realizada por período maior.

Maçonaria, que de construtiva passara a especulativa; o Malhete nada mais é do que o Martelo do Pedreiro.

Para o Cristianismo, considerando a Cruz primitiva, composta apenas de uma haste e um braço, em forma de um "T", o Malhete simboliza a Cruz na expressão: "Ele desceu. Ele ascendeu". É o Cristo crucificado e depois triunfante. Nas catacumbas de Roma,[207] vamos encontrar os símbolos maçônicos e sua evolução, até mesmo o Malhete, o Esquadro e demais ferramentas.

A flecha do deus Rá vem inscrita em algumas lápides bem como os machados de duplo corte. O "T" normal e o T invertido, que compõem o Avental do Venerável Mestre, não significam Níveis, mas sim figuras formadas por uma linha perpendicular sobre outra horizontal e significam o que expressa a pequena Coluna do Primeiro Vigilante, que está de pé, enquanto a pequena Coluna do Segundo Vigilante encontra-se abatida, quando a Loja encontra-se aberta. Cada linha representa um Logus; as três, Pai, Filho e Espírito Santo.

O Venerável Mestre preside as três cerimônias da Potência Divina; é a forma criadora dentro da Loja, e o Malhete simboliza também o órgão viril, com suas gônadas e membro ereto: o Falus sempre foi um símbolo de força criativa. O Avental sempre serviu para encobrir os órgãos sexuais nas três fases: inocência, puberdade e maturidade.

A Joia do Primeiro Vigilante contém o Nível; a do Segundo Vigilante é o Prumo, que representa a retidão. Estas Joias representam instrumentos necessários para a construção da Obra Arquitetônica.

A Prancheta da Loja é utilizada pelo Venerável Mestre para traçar, simbolizando a programação dos trabalhos, que devem ser executados pelos Aprendizes; nada é feito sem prévia programação.

A Pedra Bruta é onde os Aprendizes começam o seu trabalho, retirando-lhe as arestas e desbastando-a até que seja julgada polida pelo Venerável Mestre; cada Aprendiz terá, simbolicamente, uma tarefa diversa a executar, dentro de sua capacidade e habilidade; a Pedra Bruta é o material retirado da jazida, no estado da Natureza, para que, por meio de um cuidadoso e programado trabalho, tome a devida forma para ser colocada no edifício que abrigará

---

207. Segundo Benjamin Scott.

o Templo; representa a Inteligência, o Sentimento do homem no estado primitivo, áspero e despolido, e que neste estado se conserva até que, dirigido pela mão sábia do Venerável Mestre e pela sua força de vontade e fé, pela autorrealização, possa ser apresentado à Sociedade como indivíduo merecedor de nela ingressar.

A Pedra Bruta está colocada ao pé da Coluna do Sul e ao lado do Primeiro Vigilante; uma porção de pedra natural, de granito ou outra espécie, tosca como foi encontrada na Natureza; representa o Aprendiz que necessita retirar de si mesmo todas as arestas que o tornam bruto e disforme; sem habilidade e orientação nada conseguirá, a não ser fragmentar a Pedra em outras porções, sempre brutas e disformes. É a representação da cegueira e da ignorância, das paixões humanas e indomáveis, do pensamento livre e da teimosia, do mau gosto e do individualismo egocêntrico.

Muito sutil será a análise dos restos da Pedra Bruta após surgir a obra acabada. Nada se joga fora, porque tudo é sagrado.

A Pedra Polida é o material perfeitamente trabalhado, de linhas e ângulos retos, que o Compasso e o Esquadro delinearam de acordo com as exigências da Arte Real.

A Pedra Polida passará a ser trabalhada por quem tenha as mãos adestradas e que saiba manejar o Buril, dando-lhe forma definida e bela; o uso é colocar a Pedra Polida com a forma de uma pirâmide; no entanto, qualquer escultura, mesmo uma flor estilizada ou um busto, constituem-se em Pedra Polida; é colocada ao pé do Trono do Segundo Vigilante; seu simbolismo exsurge de si própria, pois uma pessoa polida é aquela que soube vencer os próprios defeitos e refletir, em si, o que adquiriu dos demais Obreiros, com humildade e proveito.

No processo da reencarnação,[208] a Pedra Polida diz respeito à evolução daquele que passou pelas várias vidas até burilar-se adequadamente. Como a renovação das células demanda um período de sete anos, o maçom que passa três estará, após 21 anos de intenso labor, apto para se considerar um Iniciado.[209]

---

208. A reencarnação não é um princípio maçônico.
209. Ou Verdadeiro Mestre.

A Pedra Polida, também denominada de Pedra Cúbica, convencionalmente, representa uma pirâmide; nas Lojas, geralmente, são colocadas duas Pedras Cúbicas, sendo uma totalmente lisa e a outra tem em suas faces gravadas todas as figuras geométricas.

Não se poderá confundir, todavia, a Pedra Polida com a Cabala; esta contém os hieroglifos maçônicos.[210]

O estudo da Cabala é difícil e seu uso tornou-se muito raro.[211]

A Pedra Polida representa, em suma, o saber do Homem no fim da Vida, quando a aplicou em atos de Piedade e Virtude, verificáveis pelo Esquadro da Palavra Divina e pelo Compasso da própria Consciência liberta.

Estas Joias são denominadas de fixas porque permanecem imóveis em Loja como um Código de Moral, aberto à inteligência de todos os Obreiros.

A Prancheta da Loja é o traçado objetivo; o Livro da Lei é o traçado espiritual.

Dentro de uma Loja Maçônica existe um Ponto,[212] dentro de um Círculo, limite para a jornada do maçom; este limite é traçado por duas linhas paralelas, uma representando Salomão; a outra, Moisés.

Na parte superior do círculo fica o Livro da Lei, que é suporte da Escada de Jacó; caminhando dentro deste Círculo sem nunca o transpor, jamais teremos a possibilidade de errar.

Pendentes dos quatro cantos da Loja colocam-se quatro Borlas que simbolizam as quatro virtudes cardeais: Temperança, Justiça, Fortaleza e Prudência.

---

210. A Cabala, não é de uso obrigatório; contém as palavras Sagradas dos 33 Graus do Rito Escocês Antigo e Aceito.
211. *Vide* obra do mesmo autor, *Introdução à Maçonaria*, 3º vol., p. 98, 1ª Ed.
212. O Ponto e o Círculo existem simbolicamente.

Segunda Lição

A *Segunda Lição* é ministrada por um diálogo, mantido entre o Venerável Mestre e seus Vigilantes, por meio de perguntas e respostas.

Nem todas as perguntas e respostas podem ser publicadas, pois o *Segredo Maçônico* deverá ser preservado: o maçom, ao ler a presente lição, verificará certas omissões; porém, ele poderá supri-las; servindo-se das Lições que poderá receber, impressas, ou questionar em Loja o seu Vigilante a respeito do que deseja saber como complementação.

A segunda Lição será apresentada em forma de dissertação com a necessária interpretação, a saber:

Existe um conhecimento comum entre o Venerável Mestre e os Vigilantes[213] que é: Uma Verdade.

Esta Verdade é sinônimo do Grande Arquiteto do Universo[214] como presença, porque além dos órgãos vegetativos o Homem foi dotado de uma Inteligência que pode ser independente da organização física do ser humano; há muita confusão com as definições, pois há os que confundem ou fundem Inteligência com Espírito, Alma, Sentidos, enfim, a parte que não é física. A Inteligência vem já formada ao nascer o ser; há uma Inteligência humana, como há dos demais seres; sua função precípua é distinguir o Bem do Mal, o que constitui a Moral.

---

213. O Ritual diz "Que há de comum entre nós", o pronome nós não abrange todos os Obreiros, mas apenas o Venerável Mestre e seus Vigilantes.
214. Jesus dissera: "Eu Sou o Caminho, a Verdade e a Vida".

"*Prima facie*", a Moral está fundamentada no Amor ao Próximo.

A Maçonaria, porém, descreve uma Moral Maçônica, praticada por meio de um sistema e composta de Mistérios e Alegorias.

Para que o profano pudesse ingressar na Maçonaria lhe foi exigido ser Livre e de Bons Costumes; todo homem, na época atual, é livre, podendo, porém, estar sujeito a entraves sociais que o impeçam sua liberdade integral, tornando-se escravo de suas próprias paixões e seus preconceitos.

O profano para ser recebido maçom deve encontrar-se nem nu, nem vestido; despojado de todos os metais,[215] com os olhos vendados.[216].

Os cerimoniais egípcios previam, porém, que o profano deveria ingressar totalmente despido.

O nem nu, nem vestido tem significado mais sutil: um estado de neutralidade, uma forma assexuada, no sentido de criatividade e passividade.

A retirada dos metais faz o homem retornar ao estado primitivo, quando a vaidade e o orgulho eram desconhecidos; sua cegueira simboliza a total ignorância intelectual.

Essa presença despojada comprova a humildade do Aprendiz e sua inexperiência.

O Profano enceta viagens do Ocidente para Oriente e do Oriente para o Ocidente;[217] o caminho, inicialmente escabroso, pleno de dificuldades; após, por caminhos menos difíceis, passando por campos de batalha, finalmente, o caminho sutil do silêncio.

Os ruídos representam o Caos; o início da evolução do homem, rude, sem beleza, com excessos, até que, após lutas armadas, mortes e dor, o homem vence e busca o caminho da Paz.

Cada viagem finda em uma Porta na qual o Neófito bate e é atendido; a primeira Porta está ao Sul; a segunda no Ocidente, e a terceira no Oriente; pela primeira, o Neófito simplesmente passou; pela segunda, foi purificado pela Água; e pela terceira, pelo Fogo.

---

215. Dinheiro. Bens materiais.
216. Cegueira.
217. Os quatro recantos da Loja, ou do Mundo.

No caminho sutil do silêncio, o Neófito entrou em si mesmo, em busca do Homem Novo.

As purificações demonstram que para estar em condições de receber a Luz da Verdade é necessário abrir mão de todos os preconceitos sociais e culturais para, aliviado dessa carga, ir à procura da Sabedoria.

As três Portas representam: Sinceridade, Coragem e Perseverança.

Após, com o auxílio de alguém[218] que o Neófito ainda desconhece, deu três passos em um quadrilongo[219] para assim compreender que o primeiro fruto do estudo é a experiência; esta torna o homem prudente.

Como prêmio da Perseverança, foi dada a Luz[220] ao Neófito; após longo período de cegueira, a Luz incidiu sobre Espadas empunhadas pelos Obreiros da Loja, que as apontavam ao futuro Aprendiz.

Eram os raios da Luz da Verdade que ofuscam a visão intelectual dos despreparados para recebê-la.

Após, cessada a ofuscação, foi recebido o Juramento, ocasião em que o novo Aprendiz prometeu guardar os segredos que lhe seriam confiados, proteger seus Irmãos e socorrê-los nas suas necessidades.

Um Avental imaculadamente branco é colocado no Neófito, que sempre o deverá cingir ao entrar em uma Loja Maçônica, como símbolo de trabalho.

Simbolicamente, quando o Recipiendário[221] que se encontra nem vestido, nem nu, finda as provas da Iniciação, é necessário vesti-lo, não com o seu traje anterior e convencional, mas apenas com um Avental.

O Avental cobrir-lhe-á apenas uma parte restrita do corpo, justamente aquela onde está localizado seu Centro reprodutor.

O primeiro Avental de que temos notícia foi usado nos mistérios do antigo Egito; peça multicolorida contendo uma infinidade de símbolos que hoje raramente são reproduzidos.

---

218. O Experto, ou seu subconsciente.
219. Quadrilongo é o formato da Loja.
220. O Neófito permanece longo tempo com os olhos vendados.
221. Neófito.

O Avental atual é composto de duas peças: uma quadrada e maior e outra triangular[222] superposta; o material empregado deveria ser[223] pele de cordeiro.

Seu significado geométrico é simples, pois sendo o corpo do Avental quadrado, a sua abeta triangular, sabendo-se que o quadrado é a soma de triângulos, sugere a aplicação de tudo o que se disser em torno do Quadrado e do Triângulo; o Aprendiz usa o Avental com a Abeta erguida, formando, assim, um polígono de cinco lados; o triângulo é o emblema do Estado do Homem, o quadrado representa a matéria e seu corpo; o polígono simboliza o trabalho material do Iniciado, ao se entregar à desbastação da Pedra Bruta; o Aprendiz educa[224] o seu Espírito para dominar a matéria, dominando suas paixões, que são os defeitos dessa matéria; essa tarefa o Aprendiz a executa para poder viver harmonicamente entre os seus Irmãos.

Os três lados da Abeta representam o Trinômio alma, corpo e mente.

O Avental que o maçom recebe imaculado, assim deverá ser conservado; há aqui uma lição sutil: o Avental não é usado para preservar o corpo de impurezas, mas sim para mantê-lo imaculado; posto em seu aspecto material e externo seja uma peça protetora do trabalhador, deverá ser fixado ao corpo por meio de um cordão; simboliza a circuncisão hebraica; um dos elos que integrará a Cadeia de União.

A Loja tem a forma de um quadrilongo; sua altura é a da Terra ao Firmamento e sua profundidade da superfície ao centro da Esfera Terrestre.

A Loja é coberta por uma Abóbada azul, semeada com Estrelas; circulam o Sol e a Lua e é sustentada por doze Colunas que representam os doze signos do Zodíaco.[225]

Simbolicamente, a Loja apoia-se sobre três fortes pilares: Sabedoria, Força e Beleza; esses Pilares são luminosos, eis que representados por Luzes e compostos por figuras alegóricas, a saber: um Pórtico, elevado sobre degraus e ladeado por duas Colunas

---

222. Uma quarta parte do Avental.
223. Hoje se usa material plástico.
224. Educar de *educere*, ou eduzir de dentro para fora.
225. As doze constelações que o Sol percorre no espaço de um ano.

sobre cujos capitéis descansam três romãs abertas, mostrando suas sementes; uma Pedra Bruta; uma Pedra Cúbica; um Esquadro, um Compasso, um Nível e um Prumo; o Painel da Loja; o Sol e a Lua; o Pavimento de Mosaicos.

No Quadrilongo estão marcados o Oriente e o Ocidente; o Oriente indica o ponto de onde provém a Luz, e o Ocidente, a região iluminada por essa Luz, o Mundo visível e material; o Oriente, o Mundo Invisível, espiritual.

As duas Colunas de Bronze do Pórtico representam os dois Pontos Solsticiais; as Romãs abertas e maduras, pela sua peculiar divisão interna, mostram os bens produzidos pela influência das Estações: representam as Lojas e os maçons espalhados pela superfície da Terra; suas sementes, intimamente unidas, demonstram a fraternidade e a união que devem existir entre os homens.

A Pedra Bruta representa o homem sem instrução, áspero de caráter, por falta de conhecimento e que mais obedece aos seus instintos do que à razão.

A Pedra Polida representa o homem instruído, que domina as próprias paixões, liberto dos preconceitos, visto que conseguiu polir sua personalidade.

O Esquadro, o Compasso, o Nível e o Prumo[226] são instrumentos[227] necessários às construções; lembram o Construtor Social que deve ser o maçom; estes Instrumentos traçam as normas pelas quais é pautada a conduta maçônica; o Esquadro, para a Retidão; o Compasso, para a Justa Medida; o Nível e o Prumo, para a Igualdade e a Justiça.

O Malho[228] e o Cinzel representam a Inteligência e a Razão, que tornam o maçom capaz de discernir o Bem do Mal, o Justo do Injusto.

A Prancheta de Desenho significa a Memória, faculdade preciosa de que o homem deve ser dotado para a autoanálise consciente de suas percepções.

---

226. Não se trata de repetir o que já foi consignado anteriormente: isto faz parte da Segunda Lição.
227. O Esquadro, Compasso, Nível e Prumo são Joias, como também Instrumento; Joias, quando usados; Instrumentos, quando manejados.
228. Não confundir com o Malhete do Venerável Mestre; com o Malho o Neófito dá as primeiras pancadas na Pedra Bruta.

O Sol e a Lua foram colocados dentro do Templo porque, sendo a Loja a imagem do Universo, neles estão representados os seus esplendores.

O Pavimento de Mosaicos, com a Orla Dentada[229] representa a variedade do Solo terrestre, formado de pedras brancas e negras, ligadas pelo mesmo Cimento, simbolizando a União entre os maçons apesar da diversidade de cores raciais, de climas e opiniões; a imagem do Bem e do Mal de que se acha semeada a Estrada da Vida; a Orla Dentada, que o cerca, exprime a União que deve existir entre todos os homens quando o Amor Fraternal dominar todos os corações.

*
* *

---

229. É a Orla em torno do Pavimento de Mosaicos, formada por triângulos ligados entre si.

Terceira Lição

Entre o Venerável Mestre e os Vigilantes existe um Culto, considerado Segredo, e que se define por uma simples palavra: Maçonaria. Entre as diversas definições existentes nos milhares de livros sobre a Maçonaria,[230] temos mais esta:

> "Uma Associação íntima de homens escolhidos, cuja Doutrina tem por base o Grande Arquiteto do Universo, que é Deus; como regra, a Lei Natural; por causa, a Verdade, a Liberdade e a Lei Moral; por princípio, a Igualdade, a Fraternidade e a Caridade; por frutos, a Virtude, a Sociabilidade e o Progresso; por fim, a felicidade dos povos, que incessantemente ela procura reunir sob sua bandeira de Paz".[231]

Os deveres dos maçons são infinitos, no entanto podemos alinhavar:

> "Honrar e venerar o Grande Arquiteto do Universo, a quem agradece, sempre, as boas ações que pratica para com o próximo e os bens que lhe couberem em partilha; tratar todos os homens, sem distinção de classe e raça, como seus iguais irmãos; combater a ambição, o orgulho, o erro e os preconceitos; lutar contra a ignorância, a mentira, o fanatismo e a superstição, que são os flagelos causadores de todos os males que afligem a Humanidade e

---
230. Assunto a que já nos referimos anteriormente.
231. Extraído do Ritual da Grande Loja do Rio Grande do Sul.

entravam o progresso; praticar Justiça recíproca, como verdadeira salvaguarda dos direitos e dos interesses de todos, e a Tolerância, que deixa a cada um o direito de escolher e seguir sua religião e suas opiniões; deplorar os que erram, esforçando-se, porém, para reconduzi-los ao Verdadeiro Caminho; enfim, ir em socorro do infortúnio e da aflição. O maçom cumprirá todos estes deveres porque tem a Fé, que lhe dá coragem; a Perseverança, que vence os obstáculos, e o Devotamento, que o leva a fazer o Bem, mesmo com risco de sua vida e sem esperar outra recompensa que a tranquilidade de consciência".[232]

Nesta Terceira Lição, são ministrados os sinais de passe, as Palavras Sagradas e de Reconhecimento; relembra as passagens dos Aprendizes pelas provas de sua Iniciação.[233]

Uma Loja para que possa ser considerada Justa, Perfeita e Regular deve ser governada por três Obreiros, composta por cinco e completada por sete; é Regular quando obedece a uma Potência Maçônica Regular e pratica, rigorosamente, todos os princípios básicos da Maçonaria.

A Espada Flamejante, arma simbólica, tem o significado de defesa, para que a insubordinação, o vício e o crime sejam repelidos dos Templos e que a Justiça de Salomão seja rápida, como os raios que despede a Espada de Fogo empunhada pelas figuras celestes, referidas no Livro Sagrado.

O Esquadro suspenso do Colar do Venerável Mestre significa que um Chefe deve ter unicamente um propósito: o dos Estatutos da Ordem Maçônica, devendo agir com Retidão.

O Nível que decora o Colar do Primeiro Vigilante simboliza a Igualdade Social, base do Direito Natural.

O Prumo, trazido pelo Segundo Vigilante em seu Colar, simboliza a Igualdade Social, base do Direito Natural.

---

232. Extraído do Ritual da Grande Loja do Rio Grande do Sul.
233. São partes sigilosas vedadas aos profanos e que só são ministradas aos maçons e dentro dos Templos.

O Prumo, trazido pelo Segundo Vigilante em seu Colar, significa que o maçom deve ser reto no julgamento, sem se deixar dominar pelo interesse nem pela afeição.

O Nível sem o Prumo nada vale, do mesmo modo, este sem aquele, em qualquer construção; por isso, ambos se completam, demonstrando que o maçom tem o Culto da Igualdade, nivelando todos os homens, e cultuando a Retidão fazendo Justiça.

Simbolicamente, os Aprendizes trabalham do meio-dia à meia-noite; isto é recordado em homenagem a Zoroastro, que reunia, secretamente, seus discípulos naqueles horários, concluindo com um Ágape[234] fraternal.

*
* *

---

234. Ceia frugal.

Quarta Lição

A Loja tem a forma de um quadrilongo,[235] sendo a sua altura da Terra ao Firmamento, seu comprimento do Oriente ao Ocidente, sua largura do Norte ao Sul e sua profundidade da superfície ao centro da Terra. Estas dimensões simbolizam a universalidade da Maçonaria.

Uma Loja Maçônica deve estar situada do Oriente ao Ocidente,[236] porque é do Oriente que surge o Sol.

As bases em que a Loja se apoia são representadas por três Colunas que se denominam de Sabedoria, Força e Beleza e representam o Venerável Mestre e seus dois Vigilantes.

O Venerável Mestre representa a Sabedoria, porque dirige os Obreiros; o Primeiro Vigilante representa a Força, porque paga aos Obreiros os seus salários, que constituem a manutenção de suas existências; o Segundo Vigilante representa a Beleza, porque faz repousar os Obreiros e lhes fiscaliza o trabalho; estas Três Forças são o sustentáculo de tudo, porque a Sabedoria cria, a Força sustenta e a Beleza adorna.

A Maçonaria combate a ignorância "porque[237] esta é a mãe de todos os vícios e seu princípio é nada saber; saber mal o que sabe e saber coisas outras além do que deve saber; assim, o ignorante não se pode medir com o Sábio, cujos princípios são a Tolerância, o Amor Fraternal e o Respeito a si mesmo. Eis por que os ignorantes são grosseiros, irascíveis e perigosos; perturbam e desmoralizam

---

235. Esta lição repete parte do que já foi explanado.
236. Isto, contudo, é raramente observado.
237. Extraído do Ritual da Grande Loja do Rio Grande do Sul.

a Sociedade, evitando que os homens conheçam seus direitos e saibam, no cumprimento de seus deveres, que mesmo com Constituições liberais um povo ignorante é escravo. São os inimigos do progresso, que para dominar afugentam as Luzes, intensificam as trevas e permanecem em constante combate contra a Verdade, contra o Bem e contra a Perfeição.

Combate o fanatismo, porque a exaltação religiosa perverte a Razão e conduz os insensatos a, em nome de Deus e para honrá-lo, praticarem ações condenáveis. É uma moléstia mental, desgraçadamente contagiosa, que implantada em um país toma foros de princípios, em cujo nome, nos execráveis autos de fé, fizeram perecer milhares de indivíduos úteis à Sociedade. A superstição é um falso culto mal compreendido, repleto de mentiras, contrário à Razão e às sãs ideias que se devem fazer de Deus; é a religião dos ignorantes, das almas timoratas. Fanatismo e superstição são os maiores inimigos da religião e da felicidade dos povos".[238]

A Solidariedade é a arma de que os maçons dispõem contra esses inimigos; não se deverá confundir Solidariedade com protecionismo, amparo incondicional em quaisquer circunstâncias; em torno da proteção maçônica têm-se dado interpretações exageradas e uma falsa ideia do amor fraternal.

A proteção vai ao extremo de amparar o maçom que procedeu mal e colocou-se contra as leis, perturbando o equilíbrio social; trata-se de uma solidariedade mais pura e fraternal somente para aqueles que praticam o bem e sofrem as agruras da vida, os infortúnios e as desgraças.

Os juramentos feitos de defender um Irmão não são levados ao ponto de apoiar os males que ele possa ter causado à sociedade; houve época em que a Maçonaria dava todo apoio a qualquer irmão e em qualquer circunstância para depois julgá-lo e puni-lo. Essa época foi superada, em face da evolução das leis e da aplicação correta da justiça humana.

Quando um Irmão, esquecido dos princípios e dos ensinamentos maçônicos, desvia-se da moral para tornar-se mau cidadão,

---
238. Extraído do Ritual da Grande Loja do Rio Grande do Sul.

mau esposo, mau pai, mau filho, mau irmão, mau amigo; quando cego pela ambição ou pelo ódio pratica atos que consideramos indignos de um maçom, ele, e não os demais, é quem rompeu a solidariedade e os juramentos, colocando-se longe da proteção.

A Loja Maçônica é formada de pessoas; estas pessoas são portadoras das fraquezas comuns a todos os homens. Acontece não raras vezes de um maçom cometer injustiças ou praticar iniquidade; não será isto, por constituir fato isolado, que irá conspurcar todo o quadro de obreiros.

A Loja, por seus responsáveis, tudo fará para restabelecer a harmonia e reconduzir o Irmão que está em perigo para o bom caminho; nisso, todos os Irmãos contribuirão, o que significa desprendimento e amor fraterno. A ovelha perdida não destrói o rebanho. O interesse de todos será dirigido no sentido de salvar quem se desvia. Isto não significa proteção, mas sim auxílio e dever.

Os maçons emprestam à Tolerância valor inestimável, eis que cada um de nós é portador de deficiências. Reconhecê-las torna-se um ato virtuoso; corrigi-las será um esforço de vitória.

Todos devem observar o comportamento um do outro com a finalidade de estender a mão àquele que, por qualquer motivo, vacila e cai.

A Ordem Maçônica possui, além dos seus Estatutos e Regulamentos, também, um código disciplinar.

O faltoso é submetido a uma sindicância e após, constatada a falta, é submetido a um julgamento e excluído do quadro.

Pode suceder que após expulso, desligado ou excluído um maçom, venha, com o tempo, a regenerar-se; então, com a maior das alegrias, o membro desligado é chamado e novamente compartilha os trabalhos, retomando o convívio fraterno da Loja a que pertenceu, ou, se assim o preferir, naquela que escolhe para seu reingresso.

A Maçonaria ensina que o homem caído poderá reerguer-se e tornar-se novamente útil à Ordem e à Sociedade.

*
* *

Quinta Lição

A simbologia dos números: 1, 2, 3 e 4

O número três é básico no Grau de Aprendiz; a sua bateria é composta de 3 golpes; a marcha é feita com 3 passos; a batida na porta é com 3 pancadas; a idade do Aprendiz é 3 anos.

A ciência dos números denomina-se Numerologia, o que difere da Matemática; esta é uma ciência exata, aquela filosófica.

Nesta quinta e última lição do 1º Grau, interessarão a nós apenas os primeiros 4 números.

O número 1, ou seja, a Unidade, é o princípio dos números que existe pelos outros números.

A Unidade sempre representou o ser divino, o todo. A Unidade só é compreendida por efeito do número 2; sem este não haveria meios comparativos, e o número 1 identificar-se-ia com o próprio número.

O número 2 representa a divisão em relação à Unidade, sendo ele, de certo modo, fatídico por ser o símbolo dos contrários.

O número 2 representa o Bem e o Mal; a Verdade e a Falsidade; a Luz e as Trevas; a Inércia e o Movimento, etc.

Na Antiguidade, representava o inimigo, símbolo da Dúvida, por isto não é dado ao Aprendiz um conhecimento mais aprofundado sobre a simbologia do número 2.

A diferença, o desequilíbrio, o antagonismo que existem no número 2 cessam quando é acrescido de uma terceira unidade.

Teremos assim o número 3 que, maçonicamente, também é considerado uma unidade.

É a Unidade perfeita, a trilogia que subsiste por si própria e que simboliza o Universo: diversos em um.

É a razão da existência no Oriente da Loja do Delta Sagrado, luminoso emblema do Ser, ou da Vida, no centro da qual brilha a letra IOD, inicial do tetragrama IEVE.

O Triângulo entre as superfícies é a forma que corresponde ao número 3; esta figura geométrica, composta de 3 linhas e 3 ângulos, forma um Todo completo e indivisível. Todos os demais polígonos subdividem-se em triângulos, e estes são o tipo primeiro que serve de base à construção de todas as suas superfícies.

Quando o iniciado entra no Templo não encontra símbolo algum que lhe indique a existência da Unidade; a fusão da complexidade maçônica, que é sobretudo uma Fraternidade, é que se apresenta no espírito do Iniciado que, então, compreenderá a existência da Unidade em qualquer símbolo.

O símbolo que oculta a Unidade é o candelabro de 3 Luzes que está colocado sobre o altar do Venerável Mestre.

Ninguém pode estacionar no número 2, porque sendo binário, símbolo dos contrários, da divisão, seria oposição à própria fraternidade, que é a união e não divisão.

Três é o número da Luz, na sua tríplice concepção: Fogo, Chama e Calor.

Três são os pontos que o maçom deve orgulhar-se de apor ao seu nome (assinatura)[239] por que representam todos os ternários conhecidos e, especialmente, as qualidades áureas do maçom: Vontade, Amor e Inteligência.

Estas três qualidades são inseparáveis umas das outras, pois devem agir equilibradamente: separadas, ocasionam o desequilíbrio.

O maçom dotado unicamente de Vontade, da energia, mas sem o menor sentimento afetuoso e desprovido de inteligência, será um bruto.

Dotado de inteligência, mas suprimido de Vontade e Sabedoria, que é a expressão do Amor, será um egoísta.

---

239. A assinatura revela a personalidade do homem e descortina o seu futuro.

Possuindo apenas o Amor, sem Vontade e Inteligência, verificaremos que sua bondade será inútil, suas aspirações serão estéreis. Sua razão não estará sob controle. Será um desequilibrado e um passional.

O ternário possui múltiplas aplicações e símbolos:

Do tempo: Presente, Passado e Futuro.
Do movimento diurno do Sol: Nascer, Zênite e Ocaso.
Da Vida: Nascimento, Existência e Morte; Mocidade, Maturidade e Velhice.
Da Família: Pai, Mãe e Filho.
Da Constituição do Ser: Espírito, Alma e Corpo.
Do Hermetismo: Archeo, Azoth e Hylo.
Da Gnose: Princípio, Verbo e Substância.
Da Cabala Hebraica: Kether (Coroa), Hockma (Sabedoria) e Binah (Inteligência).
Da Trindade Cristã: Pai, Filho e Espírito Santo.
Da Trimurti: Brahma, Vishnu e Shiva.
Do Budismo: Buda, Dharma e Sanga.
Do Egito: Osíris, Ísis e Hórus.

Em toda parte, encontra-se o número 3, o Ternário, do qual o Delta Sagrado é o mais luminoso e, talvez, o mais puro emblema. Nas Lojas Maçônicas, o Ternário é ainda simbolizado pelos três grandes pilares: Sabedoria, Força e Beleza, que representam as Três Grandes Luzes, colocadas a primeira no Oriente, a segunda no Ocidente e a terceira no Sul, de acordo com a orientação das Três Portas do Templo de Salomão.

No centro do Delta está a letra IOD inicial do Tetragrama[240] IEVE, símbolo da Grande Evolução, ou "do que existiu", "do que existe" e "do que existirá".

O Tetragrama IOD-HE-VAU-HE,[241] apesar de se compor de quatro letras, tem somente três diferentes: IOD-HE-VAU, para simbolizar as três dimensões do corpo, comprimento, largura e

---

240. Quatro letras.
241. Em hebraico.

altura ou profundidade. A letra VAU, cujo valor numérico é 6, indica as seis faces dos corpos.

O Tetragrama, com suas quatro letras, tem afinidade com a Unidade, pois 4 e 1 são quadrados perfeitos, e com as três letras diferentes indica que, a partir de 3, os números entram em uma nova fase. O Tetragrama lembra o Aprendiz que passou pelas quatro provas dos elementos: Terra, Ar, Água e Fogo.

Colocado a Nordeste da Loja, o Aprendiz vai iniciar estas quatro provas, no caminho para o 2º Grau.[242] Tendo recebido a Luz e podendo caminhar sozinho no Templo,[243] sempre amparado pelos conselhos de seus Irmãos, sente a própria responsabilidade e tem consciência de que os seus pensamentos, palavras e atos devem sustentar-se nos juramentos que fez ao ingressar na Ordem e que há muito caminho a percorrer, porém certo de que no seu devido tempo alcançará a meta, que é o seu ideal maçônico.

*
* *

---

242. *Simbolismo do 2º Grau*, do mesmo Autor.
243. Sem o auxílio do Experto.